MORTE E
RENASCIMENTO
DA ANCESTRALIDADE
INDÍGENA NA
ALMA BRASILEIRA

Dados Internacionais de Catalogação na Publicação (CIP)
(Câmara Brasileira do Livro, SP, Brasil)

Morte e renascimento da ancestralidade indígena na alma brasileira : psicologia junguiana e inconsciente cultural / Humbertho Oliveira, (org.). – Petrópolis, RJ : Vozes, 2020. – (Coleção Reflexões Junguianas)

Vários autores.
Bibliografia.

1ª reimpressão, 2020.

ISBN 978-85-326-6473-0

1. Brasil – Colonização 2. Índios Tupinambás.
3. Índios Tupinambás – Identidade étnica 4. Povos indígenas – Brasil – História 5. Psicologia analítica 6. Psicologia junguiana
I. Oliveira, Humbertho. II. Série.

20-34006   CDD-150.1954

Índices para catálogo sistemático:
1. Ancestralidade indígena : Psicologia analítica junguiana   150.1954

Cibele Maria Dias – Bibliotecária – CRB-8/9427

Humbertho Oliveira (org.)

MORTE E RENASCIMENTO DA ANCESTRALIDADE INDÍGENA NA ALMA BRASILEIRA

Psicologia junguiana e inconsciente cultural

EDITORA VOZES

Petrópolis

© 2020, Editora Vozes Ltda.
Rua Frei Luís, 100
25689-900 Petrópolis, RJ
www.vozes.com.br
Brasil

Todos os direitos reservados. Nenhuma parte desta obra poderá ser reproduzida ou transmitida por qualquer forma e/ou quaisquer meios (eletrônico ou mecânico, incluindo fotocópia e gravação) ou arquivada em qualquer sistema ou banco de dados sem permissão escrita da editora.

CONSELHO EDITORIAL

Diretor
Gilberto Gonçalves Garcia

Editores
Aline dos Santos Carneiro
Edrian Josué Pasini
Marilac Loraine Oleniki
Welder Lancieri Marchini

Conselheiros
Francisco Morás
Ludovico Garmus
Teobaldo Heidemann
Volney J. Berkenbrock

Secretário executivo
João Batista Kreuch

Editoração: Maria da Conceição B. de Sousa
Diagramação: Sheilandre Desenv. Gráfico
Revisão gráfica: Nilton Braz da Rocha / Fernando S.O. da Rocha
Capa: Editora Vozes

ISBN 978-85-326-6473-0

Editado conforme o novo acordo ortográfico.

Este livro foi composto e impresso pela Editora Vozes Ltda.

Sumário

Apresentação, 7
À guisa de prefácio – A identidade brasileira e seu drama oculto, 17
1 Somos todos Tupinambá, 33
   Tereza Caribé
2 O etnocídeo indígena e o complexo cultural brasileiro da negação do Outro, 63
   Humbertho Oliveira
3 Pacificando o encontro com a origem ancestral, 82
   Andrea Cunha
4 A divinização do excluído – O caboclo na umbanda, 103
   José Jorge M. Zacharias
5 Alquimia da floresta – Uma história vivida, 115
   Sílvia Renata Medina da Rocha
6 O ritual do Wará celebrado pelo povo indígena Sateré-Maué, 152
   Solange Missagia de Mattos
7 Cosmomediação – Unidade e confronto no plano da *anima mundi*, 166
   Gil Duque
8 Nós Outros – Um diálogo entre o perspectivismo ameríndio e a psicologia de C.G. Jung, 193
   Lygia Aride Fuentes
9 Xamanismo, rituais guarani e clínica junguiana, 208
   Ana Luisa Menezes
   Walter Boechat
Sobre os autores, 255

Apresentação

Este livro é fruto do compartilhamento de estudos e pesquisas empreendidos pelos integrantes do Departamento de Estudo e Pesquisa da Alma Brasileira, da Associação Junguiana do Brasil (AJB) a partir do ano de 2016. Leonardo Boff, responsável junto à Editora Vozes pela tradução das obras completas de Jung no Brasil e membro honorário da International Association for Analytical Psychology, nosso paraninfo, ajudou-nos a compreender a natureza e a missão de nosso trabalho:

> O estudo da alma brasileira representa um projeto arrojado. Arrojado porque a alma brasileira comparece como extremamente complexa e ainda em fase de nascimento e autoconstituição. Diversa é a composição étnica, diferentes são as regiões geográficas do país e vigora um rico sincretismo em curso que, seguramente, vai moldar toda a cultura brasileira futura. É o que faz o Brasil complexo e desafiador. Atingido certo grau de complexidade, faz-se mister a presença de um pensamento que procura discernir-lhe o sentido e apontar traços de uma identidade ainda em formação. Uma nação revela já maturidade quando começa a pensar a si mesma com um olhar próprio.
> A investigação da alma brasileira se mostra promissora e ajudará o Brasil a entender melhor a si mesmo, a descobrir dimensões presentes mas ain-

da ocultas à consciência coletiva, e revelará que contribuição generosa poderá dar para o devir de uma humanidade planetizada que está se impondo como nova fase da terra e da humanidade.

Estudar a alma brasileira requer o caminho mais adequado: o estudo dos mitos, dialogando com um mestre da interpretação do mito que é C.G. Jung com sua teoria dos arquétipos coletivos.

Essa escolha, do estudo da alma brasileira, a meu ver, é das mais acertadas, pois o diálogo com esse mestre das profundezas da alma humana nos traz contribuições inestimáveis que dificilmente encontramos fora dele e de sua escola. Isso se deve especialmente à compreensão que Jung tinha da própria psicologia. Para ele, a psicologia não possuía fronteiras entre cosmos e vida, entre biologia e espírito, entre corpo e mente, entre consciente e inconsciente, entre individual e coletivo. A psicologia tinha a ver com a vida em sua totalidade, em sua dimensão racional e irracional, simbólica e virtual, em seus aspectos sombrios e numinosos. Por isso, interessavam-lhe os fenômenos exotéricos, a alquimia, a parapsicologia, o espiritismo, a filosofia, a teologia, a mística, ocidental e oriental, os povos originários e as teorias científicas mais avançadas. Sabia articular esses saberes descobrindo conexões ocultas que revelavam dimensões surpreendentes da realidade. De tudo sabia "tirar lições, hipóteses e enxergar possíveis janelas sobre a realidade".

Nesse nosso coletivo da alma brasileira temos os objetivos fundamentados na concepção de Jung a respeito da importância dos mitos para a compreensão da psique e na noção de inconsciente cultural e complexo cultural. Orientamo-nos para a ampliação dessas visões ao relacioná-las à história e mitologia brasileiras. Atuamos na interface das nossas três vertentes míticas: a mitologia indígena, a mitologia afro-brasileira e a mítica da cultura popular.

Acrescentamos, por pura irmandade, o olhar para a história e as narrativas míticas latino-americanas. Assim, procuramos relações de sentido, apontamos traços de nossas pessoalidades, buscamos descobrir dimensões presentes mas ainda ocultas à nossa consciência coletiva.

A práxis desse grupo da alma brasileira implica gerar encontros reflexivos-vivenciais que movam esses conhecimentos a respeito da psicomitologia junguiana. Além disso, temos divulgado essas experiências em forma de publicação impressa (como este livro) e de mídia digital. Mas principalmente, e muito intensamente nesses últimos anos descabidos no retrocesso dos direitos humanos em nosso país, temos buscado interagir com a sociedade, em nome do amor, a alma brasileira, em prol da defesa de sua integridade e em defesa dos bons tratos para com ela. Baseamo-nos firmemente nos valores da prática do bem comum.

Em 2018, tive a oportunidade de organizar o nosso primeiro livro, junto com a Vozes, nossa grande parceira, o *Desvelando a alma brasileira – Psicologia junguiana e raízes culturais*. Nele, juntei autores profundamente identificados com o tema: Carlos Bernardi, Inácio Cunha, Isabela Fernandes, José Jorge Zacharias, Tereza Caribé e Walter Boechat. Ainda em 2018 escrevi o artigo "Complexo cultural, consciência e alma brasileira", buscando marcar a nossa tônica; foi publicado nos *Cadernos Junguianos*, vol. 14, a revista anual da AJB. No vol. 15 dessa mesma revista, no ano de 2019, foi publicado um outro artigo também demarcador do caminho temático escolhido pelo grupo da Alma Brasileira: o "Colômbia, Brasil e América – A jornada do Guesa e a identidade latino-americana", escrito a seis mãos por Ana Luisa Menezes, Gil Duque e Walter Boechat.

Durante o ano de 2019 trabalhamos intensamente sobre o tema indígena, tomados pela premência em abordar as questões que tanto angustiava o país. Desprezos abomináveis ao respeito e à integridade física e espiritual de nossa população originária nos comoviam. Apresentamos esses estudos no XXV Congresso da AJB em Bento Gonçalves. A partir desse material formamos este livro: *Morte e renascimento da ancestralidade indígena na alma brasileira!* O leitor encontrará nestas páginas um material reflexivo profundo e amplo sobre o tema.

Na abertura do livro, com o "Somos todos Tupinambá", Tereza Caribé exorta:

> Continuo acreditando em utopias, manifestações arquetípicas que se expressam de diversas formas em cada cultura e que potencializam os nossos anseios na construção de um destino melhor para o ser humano. As utopias nos devolvem a esperança e os sonhos coletivos que nos foram roubados. Ela também é capaz de nos tirar da resignação, do medo e da desesperança. Mais do que nunca, no Brasil de hoje, precisamos de utopias. Darcy, num documentário de Isa Grinspum, diz: "A coisa mais importante para o Brasil é inventar o Brasil que queremos". Isto é, construir nossa utopia e por ela sermos movidos e unidos. Falando ainda sobre utopias, o poeta Eduardo Galeano nos lembra o direito de sonhar e nos convida: "Que tal fixarmos nossos olhos mais além da infâmia, para imaginar outro mundo possível?"

Se olharmos em torno veremos que elas estão aí, várias, fortes e pulsantes: as utopias indígenas querem de volta suas terras e o fim do desmatamento da Amazônia. Ailton Krenac e Davi Kopenawa querem adiar o fim do mundo. Greta Thunberg quer deter o aquecimento global. E você? Qual a sua utopia?

Em "O etnocídio indígena e o complexo cultural brasileiro da negação do outro, o segundo capítulo, posiciono:

E há, segundo Leonardo Boff, o complexo cultural relacionado historicamente ao genocídio indígena. Eram mais de 4 milhões na chegada dos colonizadores. Mas os massacres foram muitos. O complexo cultural aqui referido diz respeito à impossibilidade de conviver com o diferente, com a igualdade. O que vemos é que, mesmo ainda hoje, o índio não é tratado como ser humano. Suas terras continuam sendo tomadas. Há muitos assassinatos e suicídios de indígenas. Há mesmo uma intolerância. Há mesmo uma negação do outro. [...]

Estamos, em relação à alma brasileira, confinandos à eterna sombra os mais fundamentais ingredientes do nosso complexo cultural da negação do outro. Nos mais recentes momentos, esse ataque à alma brasileira se mostra através das novas políticas hegemônicas, um misto de capitalismo selvagem, de fundamentalismo conservador e de milicianismo aviltante apoiados pelos ávidos detentores do dinheiro e das terras. A intenção inequívoca é a de privatizar tudo; a terra dos índios, antes demarcada e preservada, está completamente ameaçada de extinção, com toda a descarada explicitude, caminhando assim para a efetiva colonização dela inteira.

"Segundo Roberto Gambini, como nação, temos uma dificuldade de identificação com a nossa mãe indígena, que foi usurpada e abandonada por nosso pai europeu", instiga Andrea Cunha no terceiro capítulo, o "Pacificando o encontro com a origem ancestral":

> No entanto, nós ainda buscamos o reconhecimento desse pai distante e negamos essa mãe desvalorizada, recipiente da projeção da sombra dos colonizadores. Não temos orgulho da nossa origem indígena mesmo sendo constituídos por essa pluralidade maior. Ainda colocamos nossos povos originários em locais de inexistência, sem território na alma.
>
> O reconhecimento da existência desses povos não é apenas importante para eles, mas é importante para nós, pois temos a oportunidade de conhecer e reconhecer novas noções de mundo.

"A divinização do excluído – O caboclo na umbanda", estudo apresentado no capítulo 4 por José Jorge M. Zacharias, esclarece:

> A umbanda, religião inteiramente brasileira, ampliou elementos do candomblé de caboclo com o catolicismo popular, o kardecismo, que já havia chegado ao Brasil no século XIX, a pajelança, e incluiu aspectos esotéricos. Acrescentou a manifestação dos espíritos de velhos escravos, crianças, caboclas, ciganos, caboclos, marinheiros, boiadeiros, orientais e exus já existentes. Apesar dessa multiplicidade de personagens, os caboclos e caboclas continuaram a ser as principais entidades-guia nas casas de umbanda. Vale notar que o panteão de entidades espirituais que compõe a umbanda são as pessoas pertencentes a grupos marginalizados na

sociedade branca, produtiva e elitizada; são índios, negros, velhos, marinheiros, prostitutas, crianças, malandros, baianos e boiadeiros.

No capítulo 5, Sílvia Renata Medina Rocha convida à "Alquimia da floresta – Uma história vivida":

> Tive a grande oportunidade de vivenciar de perto e com intensidade os rituais, a pajelança e cultura desse povo, na cidade e nas aldeias na floresta amazônica, o que me engrandeceu a alma e permitiu um trânsito mais seguro dos indígenas na cidade. Na época, período de 2005 a 2012, hospedei alguns indígenas em minha casa no Rio de Janeiro, assim como fui muito bem recebida nas aldeias. Ao adentrar os caminhos da floresta, contactei um rico manancial de símbolos, mitos e rituais. E, principalmente um modo de vida em comunhão com a natureza e a alma. Entrar nos mistérios da floresta é entrar em nosso território não desvendado de nossa psique. É também um reconhecimento da identidade brasileira e do complexo cultural de nosso povo.
>
> Longe de querer esgotar as possíveis interpretações do mito, espero contribuir para ampliar mais as perspectivas de nossas raízes e da nossa alquimia da floresta. Estudar e vivenciar essa cultura nativa brasileira e de outros povos nativos brasileiros parece ser uma emergência para uma cultura de vida e paz.

Solange Missagia, tocando "O ritual do Wará celebrado pelo povo indígena Sateré-Maué", no capítulo 6, emociona:

> A interação do indígena com a natureza estabelece uma referência mítica em sua prática de vida. O povo Sateré-Maué depois de peregrinar do litoral

para o interior do Brasil para escapar de seus perseguidores, a partir do início da colonização portuguesa, encontra na Amazônia, uma planta cujo fruto recebe o nome de Wará – Guaraná – que quer dizer enraizado. Ao domesticá-la, esse povo foi beneficiado economicamente com a comercialização de seu líquido artesanal.

A referência mítica narrada na celebração do Wará e refletida sobre a atualidade possibilita intensificar a comunhão pessoal e coletiva do indígena com sua ancestralidade revigorando-se etnicamente. O texto mostra como o povo antigo a praticava e como hoje a referência mítica é negligenciada nas celebrações, tornando esse povo mais vulnerável à influência dos colonizadores atuais.

Alerta Gil Duque, no "Cosmomediação – Unidade e confronto no plano da *anima mundi*", o sétimo capítulo:

As tensões que a humanidade vive internamente estão se refletindo, cada vez mais, em desigualdades sociais, degradação e conflitos entre os humanos e com a natureza. Essas situações estão empurrando o mundo para uma crise espiritual, ética e material sem precedentes; ou seja, o céu de nossos piores complexos coletivos, agora cada vez mais constelados, está literalmente desabando.

Os sábios pajés estão antevendo isso há muito tempo e tentando nos alertar. Mas eles estão morrendo. Neste momento se torna cada vez mais importante que novos pajés apareçam. Aqueles filhos da alma que, independente da cor de sua pele, compartilhem das cosmovisões ancestrais e possam sonhar e se reaproximar da *anima mundi*, atuando como mediadores nessa crise.

Em "Nós Outros – Um diálogo entre o perspectivismo ameríndio e a psicologia de C.G. Jung", o capítulo 8, Lygia Aride Fuentes elucida:

> Entendo o "perspectivismo ameríndio" como um empenho por compreender dialogicamente os mundos ameríndios, como expressou Tania Stolze Lima, "a fim de aprender a pensar na presença dos índios". Este empenho pode ser uma urgente emergência contemporânea: deixarmos de apenas projetar nossas sombras sobre alteridades "primitivas" e "incivilizadas", na pretensão de fixar-lhes uma determinação negativa. Há urgência em tornar possível uma relação dialogal entre os indígenas e nós outros. Para isso é preciso estabelecermos um padrão relacional que consiga encarar as projeções de nossas próprias sombras. Pois, numa perspectiva junguiana, é a projeção dessa sombra que amordaça a dialogicidade.
> Esse empenho é também um risco: ver abalados os fundamentos epistêmicos da nossa percepção, moldada por uma visão dita "ocidental". A partir do campo junguiano podemos dizer: o que se abala aqui é nossa ilusão; nossas projeções sobre o mundo ameríndio.

E, por fim, Ana Luisa Menezes e Walter Boechat fecham o livro aprofundando:

> A temática do xamanismo e a psicoterapia traz significativas reflexões em torno do que denominamos "o arquétipo do xamã", no processo de tornar-se terapeuta junguiano. Há um enlace entre a função do mito no xamanismo e na psicoterapia. Queremos aprofundar e cuidar para que não busquemos encaixar os conhecimentos tradicionais e

originários em nossas categorias ocidentais, que divergem em concepções, mas que se aproximam em aspectos nucleares que destacamos na prática clínica, como o campo transferencial xamânico, relação entre terapeuta e paciente, noções de coletivo e individuação. Ao contrário, temos percebido que esses aprofundamentos teóricos estão refazendo nossas concepções. Uma delas é a compreensão de que os processos de individuação entre os Guarani se iniciam desde a infância, o que desfaz a ideia muitas vezes difundida de que os indígenas possuem uma consciência coletiva sem o sentido de uma singularidade.

Fevereiro de 2020.

Humbertho Oliveira

Coordenador do Departamento de Estudo e Pesquisa da Alma brasileira, Associação Junguiana do Brasil.

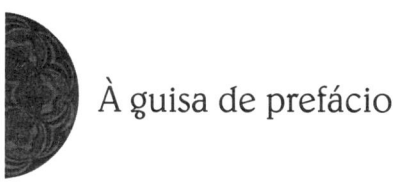 À guisa de prefácio

Convidado para prefaciar este livro, pelo seu pioneirismo e importância no estudo da perspectiva junguiana do indígena no Brasil, Gambini optou por se associar a nós, autores, contribuindo para pensar o tema deste livro: Morte e o renascimento da ancestralidade indígena na alma brasileira. Eis aqui então um prefácio-capítulo!

Organizador

A identidade brasileira e seu drama oculto

A questão da identidade brasileira, fundamental para uma compreensão correta do nosso papel no presente visando a construção do futuro, deve ser colocada a partir da busca de sua verdadeira origem, ou seja, o reconhecimento da existência de uma *alma ancestral* do Brasil. E o que quer dizer isso? Quer dizer tudo aquilo que foi perdido no processo dito civilizatório que se instalou em nossa terra a partir do contato com o europeu.

A grande pergunta que devemos ousar fazer é: como será possível atribuir uma qualidade distintiva à nossa consciência coletiva moderna se desde seu nascedouro, no século XVI, uma dimensão preciosíssima não foi nela incluída por ter sido de imediato negada? Que efeitos essa negação eventualmente ainda exerce sobre a contínua formação de nosso modo de ser, pensar e agir contemporâneos?

Nossa proposta é que essa condição histórica inicial seja corajosamente sentida hoje como uma imensa perda, e mais do que isso, como uma dissociação psíquica, como rachadura no cristal. Nossa consciência e nossa identidade foram construídas no plano da racionalidade utilitária, faltando, para completá-las, uma contrapartida intuitiva, sensível, racional/naturalista, que possa lhes restituir a base perdida desde o começo de um processo que já conta mais de 500 anos.

A reflexão sobre a questão aqui colocada exige a retomada de certos temas, imagens e símbolos que caracterizam a história brasileira, com a intenção de desdobrar um pouco essa certeza de que nossa identidade e nossa consciência estão incompletas, que lhes falta um chão e uma raiz, desencontradas que estão de si mesmas. Vale a pena, portanto, retomarmos certas ideias e imagens que nos foram inculcadas desde os velhos bancos escolares e entendê-las pelo avesso.

A primeira delas a ser revista seria naturalmente a de que houve um descobrimento. Todos nós sabemos que essa afirmação é falsa e que o termo correto seria *invasão, ocupação, saqueamento*, e não *descobrimento* do Brasil. Mas de forma insidiosa essa palavra se infiltrou e fincou pé em nossa narrativa coletiva e em nosso imaginário dirigido, passando a gerar graves distorções na articulação interpretativa de fatos históricos. A palavra *descobrimento* obviamente emana certa aura fabulosa e encantatória. Quando estudávamos a formação de nossa identidade, já começávamos ouvindo uma história cinematográfica; a de que, à diferença de outros povos, a nossa é devida a um feito extraordinário, qual seja: ao fugir de calmarias letais, de mares de sargaços que prenderiam as naus, intrépidos navegadores acabaram lançando âncora em terras nunca dantes visitadas... e que lá estavam à espera de que finalmente alguém se desse conta de que existiam... e que o fruto maduro lá estava para ser saboreado... e que nelas se plantando tudo dava...

Soubemos depois que esse filme era inventado, não passava de um recurso narrativo esperto para ocultar a incontida gana portuguesa de expansão, poder e enriquecimento e, pois, melhor era mantê-la velada, para que não levantassem suspeitas e lançassem frotas ao mar as rivais coroas europeias. Ter tudo sido por acaso, era, afinal, a melhor desculpa à mão. Ninguém teria abrigado intenções ocultas, tudo teria acontecido naturalmente, o trabalho forçado dos nativos, o corte da madeira vermelha, o desfrute das mulheres de longos cabelos sem nada que cobrisse suas vergonhas... como negar o fascínio desse conto da carochinha, como negar que isso aqui teria surgido por um fortuito golpe de mestre? Esse sabor de odisseia certamente nos distingue, nos enobrece, nos revela merecedores do favor da divina providência, nos faz parecer únicos, e personagens de uma história sem par. A ideia de descoberta remete à dádiva dos céus, com uma piscadela de Deus para os lusitanos, dando a entender que a terra, sua gente, seus céus, seu rios e cascatas e a bicharada toda nos foi graciosamente dada de presente, porque talvez fôssemos os preferidos dentre a inteira fraternidade cristã e esta terra, ou ilha, estava ali boiando nas ondas como tronco flutuante, ou imensidão que era de ninguém. E toda aquela gentarada nua na praia, sem nome, sem pertencimento e sem passado devia lá estar como peça do cenário, manipuláveis todos a gosto, e desprovidos de tudo, talvez sem nem saberem se poderiam continuar sendo o que haviam sempre sido.

Ao lado da ideia mítica de descobrimento e da tentação dela decorrente, da tomada de posse de algo jamais visto, verde, virgem e vago, ocorre no alvorecer de nossa história (que podemos hoje perceber como uma sequência notável de projeções) uma projeção-mor: a imagem de "paraíso", que habitava a visão do europeu, exterioriza-se na descrição das praias brasileiras, que, em decorrência de um fenômeno psicológico tão antigo quanto o próprio homem, passam a revestir-se das qualidades daquele ambiente sonhado e irreal descrito no Gênesis, tudo parte de uma mentalidade católica e do imaginário fantasioso da época, notadamente devido ao forte apelo sensorial e erótico do litoral de Porto Seguro. Esse fenômeno psicológico inconsciente e coletivo está registrado nos documentos pesquisados por Sérgio Buarque de Holanda em seu clássico livro *Visão do paraíso*, bem como em várias cartas jesuíticas que tive ocasião de analisar[1], nas quais se lê algo como: "[...] se houvera paraíso na terra, o paraíso certamente seria aqui [...]". A ideia também está presente na carta de Pero Vaz de Caminha, verdadeira certidão de nascimento das imagens que presidiram a tomada de posse do território "descoberto".

Ocorre que a fantasia de paraíso não diz respeito apenas à beleza do trópico, sua luminosidade e temperatura, sua calma exuberância e à voluptuosidade que a visão de mulheres esplendorosamente nuas provocava. Sendo o Jardim do Éden o lugar das delícias, foi ele plantado pelo Senhor[2] para que o homem colhesse seus frutos e nele brincasse livremente até desobedecê-lo e comer o fruto proibido. Mas antes da expulsão, tudo é dado de graça, tudo é permitido, nele reina a total

---

1. Cf. nota 6.
2. Gn 2,8.

irresponsabilidade, todos os desejos podem ser satisfeitos. A *Terra Brasilis* é o lugar da fruição plena, bastando estender o braço e apanhar o fruto, a fêmea, a madeira cor de brasa, sendo além do mais permitido escravizar o braço indígena e encher os porões das caravelas de tudo o que interessar pudesse, de macacos a folhas de tabaco, de papagaios a pau-brasil, de banana a curumins. Para completar, o Papa Alexandre VI contribuiu com a bula que decretava não haver pecado ao sul do Equador, dessa forma liberando a sombra selvagem do branco cristão. Nessa nova terra ignota e "descoberta", que não era de ninguém e que além do mais recebia a projeção do paraíso sobre si, constitui-se dessa forma a matriz de uma consciência colonial para a qual é possível e desejável apropriar-se da cornucópia das riquezas e sugar para sempre, como eternos filhos que nunca crescem, o leite de um seio inexaurível.

Para sempre sim, porque a bíblica desobediência ao Senhor não foi denunciada e punida nem então, nem agora, nem nunca. Em termos cristãos empíricos, e não simbólicos, o que historicamente ocorreu foi a despudorada e hipócrita quebra dos princípios éticos cristãos elementares: o amor ao próximo, não roubar, não matar. Esse era o cerne da sombra do cristianismo, que nunca foi carregada por quem devia, mas projetada sobre os indígenas. A atuação impune da sombra europeia desde cedo se instalou, seja sob a forma inicial de escravização dos índios, ou da contínua e progressiva destruição das culturas indígenas e da natureza. A coleta, a extração e a extorsão são representadas pelo roubo do pau-brasil, roubo esse que simboliza o começo de nossa história moderna, que sobre ela deixará como rastro a lembrança de seu nome. O desfalque e o ataque às árvores são nossos sinais de batismo, como o é também a posse da mulher índia pelo branco invasor, de cujo ventre nascerá, nas incisivas palavras de Darcy Ribeiro[3], a *protocélula do povo brasileiro*: a concepção de um híbrido, o nosso João Ninguém, nunca saberá quem é, de onde veio nem para onde vai, porque nem pai nem mãe lhe servirão de espelho ou modelo de identidade.

Essa legitimação do ato de apropriar-se do bem não reconhecido como alheio, que a projeção permissiva de paraíso instituiu na mente do invasor, fez com que nossa *alma ancestral* se transformasse num mero objeto a ser também apropriado, caso algum valor lhe fosse atribuído, ou descartado, como de fato foi, como se não valesse nada. É aí que importa chegarmos em nossa reflexão.

Naquele momento de virada da história ocidental, que é o ano de 1500, ponto de encontro de dois contingentes distintos e complementares da humanidade, um processo de desenvolvimento anímico de dezenas de milhares de anos começa a encontrar seu fim. O nascimento do povo brasileiro coincide com o primeiro ataque à alma ancestral da terra. Esse ano marca um ponto de intersecção, em que algo principia e algo começa a ser extinto. O que é que começa a acabar, o que é a alma ancestral? Um conhecimento mesmo superficial, como o nosso, dos avanços que a pesquisa arqueológica vem realizando entre nós revela que a presença humana nas Américas não é apenas de alguns milhares, de 6 a 10 mil anos, como sempre se acreditou. A pesquisa e a datação de restos fósseis pelo processo de carbono-14, ou de pedras de fogueira por termoluminescência vêm fazendo esse limite retroceder cada vez mais no tempo. Logo teremos evidências científicas sólidas para discutir a tese

---

3. Especialmente o seu *O povo brasileiro – A formação e o sentido do Brasil* (São Paulo: Companhia das letras, 1995) e também *Teoria do Brasil* (Rio de Janeiro: Paz e Terra, 1972).

de que o território brasileiro já era habitado há mais de 50 mil anos[4].

Nós brasileiros, que sempre fomos destituídos de ancestralidade e genealogia, podemos hoje nos orgulhar de que também nesta parte do globo despontou a consciência de que há milênios já existia um *nós* e uma *protofamília* brasileira. Localiza-se no sudeste do Piauí, o Parque Nacional Serra da Capivara, onde foram descobertos mais de mil sítios arqueológicos graças aos inestimáveis esforços da equipe liderada pela arqueóloga Nième Guidon[5]. Para restringir-me a apenas um desses sítios, o da Toca do Boqueirão da Pedra Furada, hoje internacionalmente famoso, foram lá encontradas evidências da presença humana no Nordeste do Brasil com uma sequência cronológica que vai de 48 mil a 6 mil anos do presente. Nas paredes das formações rochosas dessa serra, ao pé das quais foram encontrados vestígios de fogueiras, há pinturas fantásticas, sem igual em outros sítios espalhados pelo mundo, nas quais vê-se uma profusão de pessoas caçando, dançando, lutando, fazendo sexo em todas as suas variações, a dois, a três, a muitos, solitariamente também, mulheres parindo ao lado de animais, muitos animais, um homem itifálico ao lado de uma mulher e uma criança, e cenas jamais vistas em famosas cavernas europeias, como as de Lascaux e Chauvet, na França, ou de Altamira, na Espanha, como aliás em nenhuma outra pelo mundo afora[6]. A pedra de nossa terra

---

4. Hipótese defendida pela arqueóloga Nième Guidon, como veremos adiante.

5. MARTIN, G. *Pré-história do Nordeste do Brasil*. Ed. Univ. da UFPE, 2013. • PESSIS, A.-M. *Imagens da pré-história* – Parque Nacional Serra da Capivara. Fumdham/Petrobras, 2003. • GASPAR, M. *A arte rupestre no Brasil*. Rio de Janeiro: Zahar, 2003.

6. DAMM, A. *Dawn of the human spirit*. United Exhibits Group/Unesco, [s.d.].

fixou as primeiras imagens da *protofamília* e da alma ancestral brasileira, fixou nossa aquisição da consciência de sermos *nós* desse nosso jeito erótico, coletivo, inventivo e animado de ser, ao lado de fascinantes representações de um ritual em que se vê uma árvore rodeada de gente de braços erguidos para o céu, ou desfilando em longos cortejos em que não faltam mascaramentos e coreografias. Podemos, portanto, dizer com certeza e precisão: a família, o pai, a espiritualidade, a dança, a música, o mito, o ritual, a arte e o transe alucinatório também foram criados no Brasil. As pinturas mais antigas são datadas em 12 mil anos antes do presente, com sobreposições contínuas por 10 mil anos seguidos, dessa forma permitindo a visualização temporal de como se cria uma identidade coletiva capaz de acender uma luz na consciência – como se aqueles ocupantes temporários dos abrigos aos pés das paredes pintadas reconhecessem: "Esses somos nós, nós somos assim". Os arquétipos, hipótese de trabalho central na reflexão de Jung, também deixaram sua marca e criaram cultura e forma social no Brasil. Não estamos atrás de ninguém.

Que significado tudo isso pode ter para nós, hoje? Um significado profundo, que jamais mereceu a devida atenção e do qual nunca tiramos todas as implicações cabíveis. As grandes questões da humanidade de todas as épocas foram devidamente enfrentadas e solucionadas pelo homem protobrasileiro daquele tempo imemorial; por exemplo, como sobreviver e atravessar a vida, como procriar, educar e garantir a subsistência da prole, como associar-se e definir parentesco, como criar regras éticas de convívio e distribuição de bens, como produzir as condições materiais de vida, como defender-se das intempéries, doenças e demais riscos à vida, como criar beleza, festa e canto, reza e mito, como explicar o inexplicável, como entender o que diz a natureza, como achar graça na existência e poder falar de seu surgimento por meio de histórias e imagens, como comunicar-se com o semelhante, como honrar os ancestrais... Isso tudo constitui nossa alma ancestral; isso é o nosso grande, único e precioso patrimônio de sensibilidade.

Esses desafios foram todos enfrentados de maneira eficaz e inimitável no Brasil desde esse passado remoto, cada vez contabilizado em mais milhares de anos, e se traduziram na criação de centenas de culturas diversas, cada uma com sua organização social, seu território, seu povo, sua língua, sua mitologia, espalhando-se gradualmente por todo esse imenso território que séculos depois veio a ser "descoberto" como terra de ninguém. Os traços deixados foram poucos, porque a civilização tropical não é feita de blocos de pedra como a dos inúmeros povos andinos, notadamente os Incas, ou como as dos Astecas e Maias, mas de paus, palha, pena, timbira e taquara, esses e muitos outros materiais perecíveis. Não temos monumentos de pedra que contem nossa história, mas sim nossas imagens da alma nelas pintadas; temos nossos mitos sobre a origem de tudo e de nós mesmos, temos toda uma genealogia do espírito enterrada em nós.

O grande pensador da psique, Carl Gustav Jung, certamente diria que os principais arquétipos humanos também foram ativados e miticamente representados no que veio a ser o Brasil. Um arquétipo é uma predisposição para agir, conceber, imaginar ou sentir que antecede, na mente humana, a cultura e o aprendizado. Esse processo psíquico profundo se constitui por meio da história e do tempo. O arquétipo que estimula alguém ao comportamento heroico, por exemplo, é uma predisposição mental e instintiva que se estrutura acompanhando a evolução humana – e nós junguianos, quando estudamos o assunto, pensamos sempre em Gilgamesh, nas entidades do panteão iorubá, nos deuses babilônicos, persas, hindus e gregos, na sabedoria e nos oráculos orientais... É quase um hábito, ao nos defrontarmos com grandes ideias, nos voltarmos sempre para o hemisfério norte e nos reportarmos a uma tradição intelectual de autores, teorias, imagens e bibliografias que nunca nos incluem. Ora, os grandes processos constitutivos da mente humana também ocorreram no nosso solo, impregnado que era de alma antiga, trabalhada e sintetizada pelos milênios e que, portanto, configura um imemorial e transbordante inconsciente coletivo povoado de energias, imagens e sementes de cultura que acabam retratadas e imortalizadas em nossa prolífica mitologia e arte popular. Assim, cada história ou mito indígena é uma autorrepresentação da psique "brasileira" de todos os tempos a falar de si mesma, contando seu jeito de ser por meio da linguagem que lhe é própria, a das imagens, maneira pela qual a psique se expressa sempre, nos sonhos, nas fantasias, nas criações artísticas e culturais de todos os matizes.

O que temos, então, no plano histórico? Um processo que sumariamente negou a existência da dimensão anímica e que, ainda pior, operou eficazmente para destruir o que não era possível negar. Como já mencionado, estudei esse processo analisando a correspondência dos missionários jesuítas no século XVI para tentar entender o que a catequese dos indígenas representava psicologicamente[7]. Ou seja: não bastava que os índios adotassem certos comportamentos ou repetissem

---

7. GAMBINI, R. *Espelho índio* – A formação da alma brasileira. São Paulo: Axis Mundi/Terceiro Nome, 2000.

certas palavras, era preciso forçá-los a renegar sua identidade de origem. Os jesuítas foram mestres nessa obra de lavagem cerebral, especialistas que eram em macular de vergonha inocentes corpos nus, ou fazer povos profundamente religiosos confessarem que não acreditavam em nada – basta ler os relatos de viajantes, como o do francês Jean de Léry[8], entre outros, para se perceber o grau de espiritualidade e elaboração religiosa a que chegaram os Tupinambá, os primeiros a ser estudados[9]. Não obstante, os jesuítas afirmavam que os índios não eram capazes de conceber a noção de divindade. Isso lhes forneceu um bom álibi para perpetrarem o perverso sincretismo de eleger Tupã como equivalente à figura do Deus cristão, quando é Monan-Maíra e não Tupã quem ocupa o ápice da hierarquia sobrenatural. Quem acompanha com esse olhar crítico as cartas jesuíticas do século XVI pode claramente perceber como a alma indígena é sistematicamente solapada, exatamente porque a ela não é atribuído valor algum, além de ter que carregar o peso pesado da sombra dos próprios catequistas sobre ela projetada. Aliás, a palavra "alma" não é jamais usada, porque a discussão teológica da época consistia precisamente em discutir se os índios chegavam ou não a ter uma alma, posto que eram vistos como estando a meio caminho entre homens e animais. A posição predominante era de que não a tinham e que só por meio do batismo chegariam a tê-la. Portanto, o catequista sente que está fazendo um grande benefício espiritual ao índio quando o converte, pois assim este poderia evoluir de uma condição semianimal para

---

8. LÉRY, J. *Viagem à terra do Brasil*. São Paulo: Livr. Martins, 1941.

9. MÉTRAUX, A. *La Religion des Tupinambá et ses rapports avec celles des autres tribus Tupi-Guarani*. Paris: Leroux, 1928.

uma finalmente humana. Isso deixa clara a tremenda inflação psicológica dos missionários, que se atribuíam o divino poder de criar alma, como emissários que julgavam ser da entidade suprema. A consciência dita civilizada do século XVI não era capaz de atribuir o menor valor que fosse à cultura, ao psiquismo e à alma dos habitantes da terra. Essas dimensões humanas não chegavam sequer a ser percebidas como algo que de fato existisse. Era mesmo como se nossos ancestrais não fossem humanos. Portanto, nós brasileiros descendemos do nada.

A grande questão é que, queiram ou não alguns, somos fruto dessa árvore. Houve sim um processo evolutivo da espécie que estruturou na mente dos habitantes desses vastos territórios – teriam sido de 6 a 10 milhões na época da conquista, mas não existe cálculo preciso – um estilo de consciência, um modo de ser, pensar e agir, do qual somos portadores e representantes, admita-se ou não, e cuja conexão com um passado ainda vivo foi desfeita, dissociando-se daquilo que veio a tornar-se nossa identidade contemporânea, que mais parece folha caída da árvore, ave migratória que se desgarrou da formação. E perdeu o norte. Isso nos leva a um posicionamento cognitivo e imaginativo frente a nosso passado em que este ou é um nada ou é algo não identificável, uma vergonha ou um buraco negro, um atraso ou uma fumaça, uma fantasia de gente desocupada, rodamoinho perigoso do qual é melhor afastar-se, porque ameaça a confiança de que se está no caminho certo. E não se está.

O drama que se oculta no passado do Brasil é, para muitos, algo escuso e inventado, para quem melhor seria não se falar mais disso, mudar de assunto e queimar os arquivos, como agora querem os propugnadores do retrocesso e da extinção dos povos indígenas, para que se complete o saque e a conquista da terra iniciada com a chegada do primeiro colonizador. Apagar a história sempre foi uma estratégia de dominação. Ficaremos, então, com uma caricatura de falsas ocorrências para fazer a cabeça das crianças, com uma paródia canhestra para se evocar aquilo que poderia ter sido; ficaremos, assim, com a ideia de que afinal somos o produto de uma fusão biológica de raças e que, na nossa cultura de hoje, esse passado tornado espólio foi incorporado no clichê da famosa "contribuição indígena", resumida à adoção de certas técnicas agrícolas, e do sapé, da rede, do pilão, da esteira, da panela de barro, da mandioca, do guaraná, do caju, do abacaxi, do mamão, do chá de erva, do curupira, da cobra grande, dos toponímicos em tupi-guarani, dos nomes de ruas e bichos, um pouco de folclore, um pouco de pele morena e de cabelo preto, alguns cocares e brincos, e acabou por aí. Deveríamos, então, com ufanismo proclamar: "Sim, tivemos uma fusão genética, que gerou aliás uma raça até que razoavelmente decente; tivemos um processo de assimilação cultural, um encontro de culturas..." – mas a verdade é que não houve alquimia alguma na psique, ou na consciência. Aliás, houve sim uma alquimia abortada antes de começar. O que de fato ocorreu foi a sobreposição de um estilo cognitivo e afetivo sobre outro, que ficou como que fossilizado.

Esse é o drama da formação da consciência brasileira moderna, e não podemos deixar de percebê-lo se almejarmos o aprofundamento e a evolução daquilo que nos tornamos por meio de um árduo trabalho de reparação e resgate, de reintegração de tudo o que foi rejeitado e dissociado. Os batalhadores da causa indígena lutam pela demarcação de terras, pelos direitos constitucionais dos povos nativos, pelo respeito que merecem, por sua cidadania, sua dignidade, pelo reconhecimento nacional do Outro enquanto tal, sem que este precise deixar de ser o que é para poder ser aceito como integrante legítimo do povo brasileiro. Esta é uma luta em campo aberto, dificílima de ser vencida. Acima de tudo, é uma luta de sobrevivência.

Chegamos finalmente ao coração do problema. Se nos abrirmos à recepção não preconceituosa do modo de ser indígena, e de tudo o que representa neste momento de crise de valores ditos modernos, estaremos trabalhando para introduzir em nossa consciência de hoje um padrão radical de alteridade, ao lado de uma lógica que nos é desconhecida, uma estética nova, uma espiritualidade muito superior à nossa, e uma sensibilidade, um modo de ser que ignoramos. Esta é a grande tarefa utópica para o século XXI brasileiro, esse nosso desafio alquímico, que parte da fusão inicial e percorre todas as etapas da transmutação dos elementos até chegar à quintessência, à última depuração da mistura, de onde brota a qualidade mais criativa e mais profunda de nossa alma brasileira. Isso, de fato, nunca ocorreu em nossa história e em nossos processos culturais. E somente algo dessa envergadura poderá nos tornar inteiros psíquica e historicamente, quando então descobriríamos a plenitude, a verdade e a beleza de nossa identidade.

***

Foi para mim um grande alento a criação, por parte da Associação Junguiana do Brasil, de um grupo de trabalho para estudar a alma brasileira. No último congresso promovido em Bento Gonçalves pude presenciar a exposição dos trabalhos que agora vêm neste livro publicados, o qual tenho a satisfação de prefaciar. Não é comum assistir-se a um painel com nove analistas debruçando-se sobre esse tema, cada um trazendo sua contribuição, e o conjunto de vozes e ideias soar como um coral polifônico executando em várias claves a mesma peça. O que ouvi (nos dois sentidos, o que era dito e o tom maior ou menor das vozes) era em algumas passagens um *Oratório* da espiritualidade indígena do Brasil, em outras um *Réquiem* doloroso quando se sentia o quanto a alma ancestral foi golpeada. Cada palestrante, com seu instrumento e sua partitura, foi levando o público a acompanhar, mente e coração, todo um roteiro temático do que aflige, do que enobrece, do que é possível, do que se passou, de como se pode pensar, de quão erroneamente já se pensou. O desfecho é uma tentação ao real, tornar possível a utopia de manter intacta, digna, pulsante e criativa essa essência ancestral de nossa alma.

Roberto Gambini
Fevereiro de 2020.

Roberto Gambini é terapeuta junguiano há trinta anos, conferencista e ensaísta, formou-se em Ciências Sociais pela USP na década de 1960, fez mestrado em Ciências Sociais na Universidade de Chicago e, após lecionar Ciência Política na Unicamp, nos anos de 1970, partiu para uma formação em Psicologia Analítica no Instituto Carl Gustav Jung de Zurique. É membro da Sociedade Suíça e da Sociedade Internacional de Psicologia Analítica. Sua grande preocupação intelectual tem sido fazer confluir a psicologia junguiana e as ciências sociais. É autor dos livros *O duplo jogo de Getúlio Vargas*; *Outros 500*; *Uma conversa sobre a alma brasileira* (entrevistado por Lucy Dias); *Espelho índio – A formação da alma brasileira*, entre outros.

1 Somos todos Tupinambá

Tereza Caribé

Faz escuro mas eu canto

Quando comecei a escrever este artigo, algumas vezes veio-me a imagem de Thiago de Mello, poeta amazonense, profundamente ligado às causas socioambientais, aos Direitos Humanos e às questões indígenas. Ele conseguia reunir nas suas poesias a luta política e o lirismo, combinação que hoje raramente encontramos. Quem, nas décadas de sessenta e setenta, não dizia, de forma emocionada os poemas, *Faz escuro mas eu canto* e o *Os Estatutos do Homem*? Thiago, atualmente, é considerado um poeta ingênuo, por ter tido uma visão utópica do mundo, por ter vivido e evocado a imagem da Aurora, tantas e tantas vezes, acreditando em mudanças que aconteceriam e que, decerto, fariam do Brasil um país justo, próspero, inclusivo e que nós, brasileiros, não mais seríamos "[...] um povo, até hoje, em ser, impedido de Sê-lo" (RIBEIRO, 1995: 447).

Anos se passaram e posso ler, com a mesma emoção, "Faz escuro mas eu canto, porque a manhã vai chegar" (MELLO, 2017: 29). Continuo acreditando em utopias, manifestações arquetípicas que se expressam de diversas formas em cada cultura e que potencializam os nossos anseios na construção de um destino melhor para o ser humano. As utopias nos devolvem a esperança e os sonhos coletivos que nos foram roubados. Ela também é capaz de nos tirar da resignação, do medo e da desesperança. Mais do que nunca, no Brasil de hoje, precisamos de utopias. Darcy, num documentário de Isa Grinspum, diz: "A coisa mais importante para o Brasil é inventar o Brasil que queremos". Isto é, construir nossa utopia e por ela sermos movidos e unidos. Falando ainda sobre utopias, o poeta Eduardo Galeano nos lembra do direito de sonhar e nos convida: "Que tal fixarmos nossos olhos mais além da infâmia, para imaginar outro mundo possível?" (1997).

Se olharmos em torno, veremos que elas estão aí, várias, fortes e pulsantes: as utopias indígenas querem de volta suas terras e o fim do desmatamento da Amazônia. Ailton Krenac e Davi Copenawa querem adiar o fim do mundo. Greta Thunberg quer deter o aquecimento global. E você? Qual a sua utopia?

Introdução

O estudo da alma brasileira, sua ancestralidade e pluralidade étnica, assim como o seu processo de permanente construção, tem se colocado como importante tema da Psicologia Analítica no Brasil. A nação brasileira resultou de uma grande mistura de brancos, índios e africanos. Somos um país mestiço, pluriétnico, mas temos pouca consciência da nossa identidade, do nosso passado e da nossa ancestralidade, especialmente da indígena e africana. Saber da história e entender a constituição de um povo são elementos indispensáveis para conhecer seu inconsciente cultural e seus complexos culturais, possibilitando uma compreensão psicológica do indivíduo e da cultura.

No processo de construção identitária, os mecanismos de negação e repressão dos elementos que nos constituem – como, por exemplo, a nossa raiz indígena – são muito danosos. A ação desses mecanismos, de forma contínua, por séculos, até os nossos dias, tornou o índio um personagem quase invisível da nossa história e, em nós, gerou uma incapacidade de percebê-lo como parte nossa e do povo brasileiro, como uma das nossas raízes, elemento fundante da alma brasileira. Acreditamos que a Psicologia Analítica possa contribuir, de várias formas, para ampliar a compreensão desses fenômenos. Uma delas seria oferecer um modelo teórico, mais abrangente e integrador, que resgate e revalorize a consciência mítica nas relações humanas frente às questões indígenas que, por tanto tempo, foram silenciadas.

> No Brasil, o homem negro e o índio ainda são o Outro, pois não o reconhecemos em nós mesmos. É urgente a inclusão do tema étnico no campo psicológico, pois a questão étnica é também um conteúdo tanto do inconsciente quanto da consciência coletiva, e exige espaço e reconhecimento por parte de uma psicologia que se pretende multicultural (ARAÚJO, 2012).

Aceitar as diferenças, quaisquer que sejam elas, é importante para que haja a vivência da alteridade. Se isso não acontece, o que não couber no repertório dos preconceitos de cada um de nós será negado, desqualificado e rejeitado. O momento que vivemos, hoje, de enormes tensões, conflitos, violência, tem sua origem na dificuldade em aceitar e respeitar as diferenças, no âmbito das relações humanas e da cultura.

Assumir as nossas raízes, nossa ancestralidade, irmandade e pertencimento, com relação aos povos indígenas, constitui-se como condição indispensável para exercermos, de forma plena, o ofício de psicoterapeutas e colaborarmos na desconstrução do preconceito e da imagem que há cinco séculos consideraram os índios e os negros como seres da mais absoluta inferioridade. É indiscutível que a sociedade brasileira tem uma enorme dívida para com esses povos, não apenas pela forma preconceituosa com a qual sempre foram tratados, mas, o que é mais grave, pelos 300 anos de escravidão e genocídio a eles impostos.

A psicologia, enquanto profissão e instituição, e nós como psicólogos atuantes na sociedade, depois de um longo período de sono, começamos a despertar para questões importantes relacionadas à cultura afro-brasileira e à indígena. Neste momento, a discussão das questões culturais e étnicas tem ocupado espaços cada vez maiores e contribui para repensarmos conceitos e encontrarmos caminhos para uma prática que vá ao encontro daquelas duas grandes etnias, às quais também pertencemos.

Em *A prática da psicoterapia*, Jung (2011, § 228) escreveu:

> [...] sem dar a este punhado de psicólogos e psicoterapeutas que representamos, uma importância ou um peso excessivo, quero frisar que a nossa missão e, sobretudo, a nossa primeira obrigação como psicólogos é entender a situação psíquica do nosso tempo e ter dela uma visão clara.

O "achamento do Brasil": a colisão entre dois mundos

Tentarei, neste breve artigo, falar sobre uma parte da nossa história que diz respeito à colisão entre dois mundos: o dos colonizadores portugueses e o dos indígenas brasileiros, especialmente o dos Tupinambá de Olivença, na Bahia. Antes de entrar, propriamente, no tema da etnia Tupinambá, gostaria de convidá-los a revisitar algumas memórias e ouvir novos relatos sobre o passado do nosso povo, sobre o "descobrimento" e sobre a relação dos colonizadores brancos com os índios, desconstruindo algumas versões da história oficial brasileira. Convido vocês a reimaginar este passado, fazendo pontes com o presente e com o que vem acontecendo com os índios, há cinco séculos.

Estamos em 1500, e ali, no encontro com o colonizador europeu, começava um novo capítulo da nossa história e era só um novo capítulo, porque a *Terra Brasilis* e seus habitantes lá estavam, há milhares de anos. Portanto, pode-se concluir que o início da nossa origem, como povo, se dá, verdadeiramente, durante as ocupações pré-históricas, em nosso território, conforme mostram os inúmeros sítios arqueológicos descobertos em várias regiões do país, indicando a presença humana, aqui, há mais de 40.000 anos. Entretanto, como sabemos, tradicionalmente, nossa história era contada a partir do "descobrimento", ou melhor, do dito "achamento do Brasil". O termo "descobrimento" deve ser evitado por ser eurocêntrico e excludente, em relação aos indígenas, e porque induz a pensar que antes dos colonizadores não havia habitantes nas terras descobertas. Ao abordar este fato histórico, melhor seria nos referirmos a ele não mais como "descobrimento", mas sim como a invasão dos portugueses às nossas terras e com o início da colonização.

O primeiro equívoco, dentre tantos cometidos pelos europeus, foi chamar os habitantes das novas terras de "índios". A princípio, pode-se dizer que este equívoco se deve a Colombo, que pensou ter chegado às Índias, quando, na verdade, tinha chegado à América. Aquela denominação foi colocada apenas para nomear, genericamente, os habitantes das novas terras e tem um caráter reducionista, indiferenciado e universal, não contemplando a grande diversidade de etnias existentes. Pois, na realidade, um povo indígena é uma multiplicidade viva.

Apesar de livros didáticos brasileiros insistirem em manter a narrativa do colonizador, sabemos que não houve descobrimento ao acaso, e sim a realização de um projeto de expansão e conquistas, no contexto das Grandes Navegações e Descobrimentos Marítimos, capitaneado por Portugal e Espanha, desde 1415, prolongando-se por todo século XV e XVI. Da mesma forma, também não houve uma ocupação pacífica. Ao contrário, muito sangue foi derramado. Pode-se dizer que o Brasil nasceu em berço de sangue. Nesta guerra que durou muitos anos, pereceram milhares de pessoas entre conquistadores e índios, mas com relação a estes, houve um verdadeiro extermínio.

A chegada dos portugueses ao Brasil ocorreu de uma forma espetacular. Imaginem o impacto do desembarque na costa brasileira, no litoral sul da Bahia, da maior e mais poderosa esquadra já enviada à rota dos descobrimentos! Dez naus, três caravelas e cerca de mil e duzentos homens comandados pelo navegador português Pedro Álvares Cabral. Naquele momento, e a partir dele, se dá o encontro e o confronto entre duas culturas: a europeia e a ameríndia. Por um lado, os portugueses encontravam-se diante de uma realidade sobre a qual nada sabiam; entretanto, apesar disso, já traziam um projeto político/espiritual de domínio, catequese e colonização. Por outro, os índios também se encontravam diante do absolutamente desconhecido. Diz Jung (1990, § 332):

> Tudo o que é desconhecido e vazio é preenchido com projeções psicológicas; é como se o próprio pano de fundo do investigador se espelhasse na

escuridão. O que vê no escuro, ou acredita poder ver, é, principalmente, um dado de seu próprio inconsciente que aí projeta.

"A projeção psicológica é um fenômeno psíquico dos mais comuns. Trata-se de uma transferência inconsciente, imperceptível e involuntária, de um fato psíquico e subjetivo, para o mundo exterior" (JUNG, 2012, § 121).

Do mesmo modo que podemos abordar a projeção para compreender a psique do indivíduo, também podemos usá-la para compreensão dos fenômenos coletivos, como ocorre em certas situações históricas. Do ponto de vista da psicologia junguiana, ao falarmos em projeção estamos falando de um fenômeno arquetípico e inconsciente que nos leva a um outro conceito importante que é a sombra; ou seja, aquilo que não conhecemos de nós mesmos e da cultura e projetamos no outro. No encontro destes dois lados, bem distintos, os ameríndios e os colonizadores brancos, grandes opostos se constelaram e, consequentemente, a dinâmica das projeções mútuas das sombras coletivas de cada um deles passa a atuar.

Foi possível conhecer a projeção da sombra dos portugueses, em relação aos índios, através do tratamento que a eles era dirigido, conforme indicam documentos da época. A carta de Pero Vaz de Caminha e as cartas dos jesuítas, por exemplo, se constituíram como fontes importantes de pesquisa sobre a relação do colonizador com os indígenas. O homem ibérico e os jesuítas, em particular, olhavam para si como virtuosos, enviados de Deus e projetavam no índio a sua sombra, considerando-o selvagem desprovido de alma, criatura do demônio, cheio de pecados, lascivo e preguiçoso que só se salvaria através da conversão ao cristianismo, cujo primeiro passo era o batismo. Por outro lado, e com sentimentos diametralmente opostos, nossos índios acolheram os europeus como seres superiores e sobre eles projetaram o que havia de mais sagrado: as figuras míticas do Xamã e do Caraíba (profeta).

Como já foi dito, o depoimento mais detalhado e mais importante que temos sobre a chegada dos colonizadores é *A carta do achamento do Brasil*, de Pero Vaz de Caminha. Nessa carta ele comunica ao rei o descobrimento das novas terras e dá as suas primeiras impressões sobre o território que viria a ser chamado de Terra de Vera Cruz, posteriormente Terra de Santa Cruz e, finalmente, Brasil.

Pero Vaz de Caminha descreve com grande exaltação as terras, as praias, a vegetação, a beleza dos corpos índios, além de fazer um inventário de diferenças que incluía pessoas, animais, plantas, frutos, sementes, relevo etc. Com relação ao índio, não esconde o espanto diante de tantas características diferentes. Embora elogiasse a beleza dos corpos, não tinha dúvida de que estava diante de seres inferiores e selvagens.

> Andam nus sem nenhuma cobertura, nem estimam nenhuma cousa de cobrir suas vergonhas e estão acerca disso com tanta inocência, como têm de mostrar o rosto. Eles, porém, andam muito bem curados e muito limpos [...] os corpos seus são tão limpos e tão gordos e tão fremosos que não pode mais ser [...] as moças bem novinhas e gentis, com o cabelo mui pretos e compridos e suas vergonhas tão altas e tão saradinhas e tão limpas das cabeleiras que se as nós muito bem olharmos não tínhamos nenhuma vergonha (FUNDAÇÃO BIBLIOTECA NACIONAL, 2015).

É fácil perceber o deslumbramento dos colonizadores diante do "Novo Mundo", terra bela, fértil e generosa, possivelmente, o tão esperado e mítico "paraíso na terra".

A carta de Pero Vaz de Caminha permite entender o projeto colonizador que desembarcava, junto com os portugueses, para a nova terra. Neste trecho, abaixo citado, por exemplo, ficam claras a total negação da cultura indígena e a meta da catequese que seria realizada sobre os povos nativos.

"Essa gente é boa e de boa simplicidade. E imprimir-se-á com ligeireza neles qualquer cunho que lhes queira dar. São muito mais nossos amigos que nós seus" (FUNDAÇÃO BIBLIOTECA NACIONAL, 2015). Anos depois, em 1563, Padre Manoel da Nóbrega, entusiasmado com a perspectiva de convertê-los, escreveu: "Como papel branco, neles se pode escrever à vontade" (1559, apud GAMBINI, 2000: 156). Com esta postura de negação, o colonizador imprime uma marca que irá nos acompanhar e nos influenciar até os dias de hoje, na construção de nossa identidade. Ficamos como muito bem disse Darcy Ribeiro: "Afundados na ninguendade [...]. Somos um povo em ser, impedido de sê-lo" (1995: 447). O tema da identidade brasileira é muito complexo e não seria possível, neste artigo, abordá-lo com a profundidade que ele requer.

Estima-se que no período da chegada dos portugueses quatro a cinco milhões de indígenas, falando cerca de mil e trezentas línguas, espalhavam-se pelo litoral brasileiro. Segundo M. Gomes (2017), 90% da população indígena originária desapareceram num período de pouco mais de 500 anos o que nos permite falar que, aqui no Brasil, ocorreu um "holocausto" e um "etnocídio". O estilo da colonização portuguesa foi determinante para isso, pois se caracterizou pela crueldade e extermínio de milhões de indígenas. Além dos conflitos com os portugueses, doenças trazidas por estes, como a gripe, sífilis e a tuberculose contribuíram para o extermínio. O processo de colonização portuguesa no Brasil teve um caráter semelhante a outras colonizações europeias, como a colonização espanhola, que também conquistou e exterminou os povos indígenas.

Para Darcy Ribeiro, "O povo-nação [...] surgiu de [...] processos tão violentos de ordenação e repressão que constituíram de fato, um continuado genocídio e um etnocídio implacável" (1995: 14).

Muitas são as marcas de dor, sofrimento e crueldade impressas tanto na alma brasileira quanto nas almas de brasileiros que clamam por integração e transformação. São feridas não curadas. A imagem construída, por gerações, de um povo pacífico, cordial, tolerante com as diferenças sociais, não corresponde à realidade.

> A dignidade da nação brasileira repousa na sobrevivência dos índios. Só me cabe dizer, agora, lamentando sentidamente, que esta nossa nação brasileira não precisa mais de índio nenhum para existir. Mas não existirá jamais, em dignidade e vergonha, se deixar morrerem – morrerem até de suicídio – os poucos índios que sobreviveram à invasão quinhentista (RIBEIRO, 1991, apud *Séculos indígenas no Brasil*, 2010: 8).

Os Tupinambá: "folgar, bailar e cantar..."

Quanto mais me aproximo da cultura indígena, desta ancestralidade que também me pertence, mais fica evidente o meu desconhecimento da riqueza e da amplitude desta realidade. Como psicóloga junguiana, no caminho de conhecer e vivenciar aquele universo, ousadamente dou os primeiros passos valendo-me da experiência e reflexão realizadas pelos pioneiros da Psicologia Analítica e pela Antropologia, História,

Sociologia, Mitologia e outros saberes. Por outro lado, asseguro: nada disso seria suficiente sem o contato direto, pessoal, com o povo Tupinambá, com a sua cultura, suas lideranças e sem o compromisso e o envolvimento com as suas lutas. Escolhi falar sobre os Tupinambá e, de forma especial, dos Tupinambá de Olivença, por serem nordestinos, como eu, e por estarem vivendo, depois de muitas perdas, violências e perseguições, uma experiência da maior importância que é o renascimento, o ressurgimento da sua cultura. É bom que se diga: este movimento vem acontecendo com muitos povos indígenas que tiveram grandes perdas culturais. É uma tomada de consciência que tem levado à possibilidade de resgatar e fortalecer sua cultura, suas bases étnicas.

Quando, no século XVI, os colonizadores aqui chegaram, o litoral da Bahia era habitado, da foz do Rio São Francisco até à altura da cidade de Ilhéus, pelos índios Tupinambá. A língua era o Tupy, nossa língua mãe, que por séculos foi falada pelos aqui nascidos, como também por índios e europeus.

> Sua língua é delicada, copiosa e elegante, tem muitas composições e síncopas, mais que os gregos. Para eles, o paraíso, a "terra sem mal", não se encontrava além da vida, como na tradição cristã. Era um lugar real, localizado no fim de uma longa jornada, atrás das montanhas, onde o milho crescia sem cuidados e as flechas iam à caça sozinhas (apud GUARACY, 2015: 36).

Da riqueza do Tupy restaram muitas palavras usadas no nosso cotidiano. Os Tupinambá de Olivença falam, exclusivamente, o português, segundo algumas fontes, desde o início do século XIX; entretanto, Curt Nimuendaju, em 1939, numa visita a Olivença, encontrou vários índios que ainda falavam

Nheengatu. Esses dados levam a crer que a generalização absoluta do português, entre os índios, teria ocorrido apenas no século XX.

Os Tupinambá da Bahia, como dissemos, localizam-se em Olivença, na região da Mata Atlântica, no sul da Bahia, a 10km da cidade de Ilhéus, onde residem, em média, 6.000 indígenas. Há também uma outra pequena comunidade, em Belmonte, com apenas 74 índios (SIASI/SESAI, 2013). Para conquistar esses e outros territórios no litoral brasileiro, muitas batalhas sanguinárias aconteceram. Segundo Antônio Risério, viviam em aldeias que eram uma unidade social, economicamente autossuficiente e com seus limites bem definidos. Passavam pouco tempo em cada localidade, cerca de 5 a 6 anos no máximo, e a única coisa que levavam quando saiam era o nome da aldeia, para manter, assim, sua identidade. A arquitetura das suas casas era ecológica e, naturalmente, efêmera. Sua construção era feita basicamente de madeira e folhas. É importante observar que levavam, sempre, em consideração, a natureza dos ventos e a qualidade das águas e das terras, para erigirem suas aldeias. Quase todas as casas eram amplas e chamadas de malocas. Cada uma delas era uma *communitas* regida pela solidariedade, tendo como chefe e guardião da tradição um Morubixaba que, no exercício das suas funções de liderança, reunia-se, regularmente, sempre à noite, com toda comunidade, para discursar acerca dos padrões de conduta de todos. Infelizmente, ao contrário do que ocorria com os Tupinambá, hoje, ao invés dos sábios guardiões em nossas noites, contamos com a televisão e as mídias sociais que despejam o seu/nosso lixo sobre todos nós.

Uma aldeia Tupinambá, em geral, era composta de 4 a 8 malocas que tinham as seguintes dimensões: 100 metros de comprimento e 10 de largura. Eram casas grandes e altas que podiam abrigar até 600 pessoas. Tudo isso era feito para durar apenas alguns anos.

Os Tupinambá eram fortes guerreiros, valentes e exímios flecheiros. Reza a lenda que podiam atingir o olho de um pássaro em pleno voo.

Eles guerreavam quase que ininterruptamente e eram muito orgulhosos desta disposição e competência. Além disso, tinham grandes habilidades manuais e produziam vasos de barro, flautas de bambu, usavam o casco de tartaruga para fazer pratos, chocalhos e brinquedos para as crianças. Penteavam os cabelos com espinha de peixe e dormiam em redes, chamadas inis, feitas, por eles próprios, com as fibras das folhas da bananeira e do algodão. Imagino-os deitados nas suas inis, olhando e decifrando os céus, pois tinham um grande e refinado conhecimento sobre as estrelas e as constelações. E não para por aí. No Museu Plinio Ayrosa (USP) encontram-se cerâmicas feitas pelos Tupinambá seiscentistas, de grande beleza, especialmente os alguidares pintados que são os destaques da coleção. Outro elemento fundamental da cultura Tupinambá é a pintura corporal. Mais do que uma arte, ela é uma forma de afirmar e preservar sua identidade como indígena, pertencente a uma determinada etnia. Os desenhos eram passados de pai para filho e tinham diversos significados, de acordo com a situação a ser vivida: guerra, festa, morte etc.

Na vida do povo Tupinambá as artes ocupavam um lugar proeminente. Dançar, cantar, compor músicas e poemas era parte do seu cotidiano. Segundo Antônio Risério, os antigos cronistas que por aqui passaram ficaram surpresos e admirados com seu comportamento, sempre festivo. Fosse no dia a dia da aldeia ou a caminho da guerra, eles não paravam de dançar. Até o paraíso – Guajupiá – era concebido como um baile eterno, uma festa infinita. Gabriel Soares de Souza e o Padre Fernão Cardim que viveram na Bahia quinhentista consideravam as mulheres Tupinambá "grandes cantares" e "insignes trovadoras". Como a poesia, a música, o canto, e o uso do cauim (vinho) permeavam a vida social dos Tupinambá; seus artistas eram muito respeitados e reverenciados a ponto de, se caíssem prisioneiros, jamais seriam canibalizados.

Se compararmos aquela forma de viver dos Tupinambá, em que o respeito e a integração com a natureza estavam presentes, na qual o coletivo e o individual conviviam pacificamente, sob regras plenamente respeitadas, com a realidade das grandes cidades onde vivemos, temos que admitir quão bárbaros nos tornamos, quão devedores somos de um modelo social que, apesar de ter sido quase destruído, muito nos serve de inspiração para uma forma de vida mais humana, digna e ecológica. Em uma entrevista dada a McGuire e Hull, Jung aborda, de forma crítica, a condição fragmentada, alienada e desumana que mantemos em nossas vidas.

> Todos nós precisamos de alimento para a psique; é impossível encontrar esse alimento nas habitações urbanas, sem uma única mancha de verde ou árvore em flor; necessitamos de um relacionamento com a natureza; precisamos projetar-nos nas coisas que nos cercam; o meu eu não está confinado no corpo; estende-se a todas as coisas que fiz e a todas as coisas à minha volta; sem estas coisas não seria eu mesmo, não seria um ser humano. Tudo que me rodeia é parte de mim (1997: 189).

Afinal, somos parte da natureza e guardamos os traços arquetípicos da nossa ancestralidade. O abandono de nossas raízes significa uma cisão de nós mesmos, e talvez essa dissociação do homem com o meio e com a sua própria natureza esteja à frente dos principais problemas ecológicos da humanidade (DUARTE, 2017).

Roberto Gambini, em seu livro *O espelho índio*, faz uma análise profunda de como se deu a projeção no encontro entre indígenas e colonizadores. Para o branco, colonizador e católico, a imagem do índio era e continuou sendo a de um homem primitivo, lascivo e preguiçoso. Tudo que dizia respeito ao corpo, à sensualidade, a uma vida instintiva saudável, espontânea e em harmonia com a natureza interna e externa, era visto por ele como o mal e, portanto, deveria ser reprimido e excluído da sua vida consciente, o que lhe impossibilitou de experimentar a alegria de viver que levava, quase que permanentemente; os donos da terra a "folgar, bailar e cantar". Diante disso, pode-se concluir que a psicologia dos brancos colonizadores pretendeu, em verdade, destruir nos indígenas aquilo que haviam destruído em si.

O impacto e a violência da presença do colonizador foram gigantescos, tanto psíquica quanto culturalmente, e, ainda hoje, segundo Boechat, se reproduzem na alma brasileira, sob a forma de complexos culturais, tais como o da escravidão, do holocausto, da busca de identidade, da inferioridade, da orfandade, dentre outros. O caminho para a cura do inconsciente cultural latino-americano passa pelo reconhecimento desses valores, dos nossos mitos, símbolos e tradições dos povos originários.

Tupinambás: sonhos, mitos e ritos

De acordo com J. Campbell, os símbolos, os mitos e ritos sempre apontam para além de si mesmos, para aquela força transcendente e imanente.

Os indígenas tinham, com o inconsciente, um contato vivo e muito presente em todos os aspectos das suas vidas. Eles conferiam aos sonhos grande importância e estavam sempre atentos às suas mensagens e à possibilidade de interpretá-las.

Os sonhos que de fato interessavam eram aqueles que provinham do inconsciente coletivo – para eles, mundo espiritual – e que traziam orientações para toda a comunidade. É frequente, entre povos originários, estabelecer-se a diferença entre "grandes sonhos", em contraste com os "pequenos sonhos". Estes dizem respeito a temas pessoais e problemas diários de menor importância, enquanto que só os "grandes sonhos" apresentam temas arquetípicos e devem ser compartilhados, pois dizem respeito a todos da tribo, aldeia ou comunidade. Jung, como psicólogo, na busca da compreensão e diálogo com o seu inconsciente e também dos seus pacientes, interessava-se tanto pelos sonhos pequenos quanto pelos grandes sonhos, mas considerava os "grandes sonhos" seu maior desafio. Foi sobre eles e os mitologemas que os constituíam, que Jung mais se dedicou, como um atento analista e incansável pesquisador.

Ao estudar símbolos, mitos e ritos, a abordagem multidisciplinar se impõe como necessária, dada a amplitude dos temas e a interface com vários saberes. Conhecer, na medida do possível, caminhos já trilhados por diversos povos, em diversas épocas e locais, encontrando nesses caminhos as suas mitologias, deuses, religiões, organização social, arte etc., torna-se imperativo. Foi percorrendo-os que Jung constatou que o inconsciente é a matriz de onde tudo emerge, inclusive as culturas. "Sua teoria psicológica está enraizada em ideias milenares da nossa história, evidenciando, portanto, que o conhecimento da cultura da humanidade e, de forma especial, da cultura do nosso país, são fundamentais para uma compreensão mais profunda dos processos psíquicos, individuais e coletivos que compõem a Alma Brasileira (CARIBÉ, 2018).

Mitologia Tupinambá

"Os índios do Brasil não têm fé, nem lei nem rei" (GANDAVO, 2008: 65), diziam os colonizadores portugueses dos anos 1500. Indiscutivelmente, não tinham rei, pois sua forma de governo, embora muito organizada, não previa uma figura detentora de poder absoluto. Entretanto, tinham, sim, fé e um sistema religioso complexo, com crenças e rituais próprios. Buscavam entender os fenômenos incontroláveis da natureza, tinham medo e se utilizavam de mecanismos mágicos para proteger-se. Helen Claster, em seu livro *Terra sem mal*, denomina aquele sistema de "religião ateia", numa tentativa de ilustrar a forma de relacionamento dos índios com o sobrenatural, livre da centralidade de um Deus criador, baseada na utopia de alcançar a imortalidade, sem passar pela experiência do morrer.

A autora define a terra sem mal como "[...] um lugar privilegiado, indestrutível, em que a terra produz para si mesmo seus frutos, onde não haveria tristezas, nem dores, nem morte, onde todos seriam felizes, e as flechas caçariam sozinhas" (LEITE, 1954: 150).

Esse lugar, para os índios, era real, concreto e existia, para uns, depois das montanhas do Oeste e para outros, ao Leste, perto das grandes águas.

Afirma-se que a crença na Terra sem Mal, continuamente anunciada pelos "Caraíbas", foi o verdadeiro móvel para as constantes migrações indígenas ocorridas em todo território brasileiro.

Para os Tupinambá, no princípio, homens e deuses viviam num mesmo lugar, participantes de uma mesma cultura, até que escolhas e atitudes tomadas pelos homens propiciaram a separação. O mito de Monam, dentre outros contados pelos índios Tupinambá, descreve o que ocorreu: Monam, um grande deus, convivia em harmonia com os homens que tudo quanto necessitavam recebiam dele. Num determinado momento, entediados com a sua situação de passividade, revoltaram-se contra Monam que, indignado, resolveu deixá-los e ir viver no céu, além de vingar-se da ingratidão, lançando fogo sobre a terra que, plana e regular, enrugou-se formando os vales e montanhas atuais. Do desastre, Monam poupou um único homem, Irin-Magé, o qual, em um certo momento, sentindo-se extremamente solitário, rogou a Monam que fizesse alguma coisa para aliviá-lo do sofrimento. Então Monam, comovido, enviou chuvas abundantes, apagando todo o fogo e formando os rios e mares hoje existentes. Além disto, concedeu-lhe uma mulher, com quem forma o primeiro casal que povoou a nova terra dos Tupinambá.

Outro mito, igualmente importante, refere-se à reverência que os Tupinambá prestavam a uma pedra que teria sido colocada em sua terra por heróis míticos que, em seguida, se transmutaram em estrelas. Esta pedra, que apresentava algumas pegadas atribuídas a um herói chamado Sumé, tinha que ser permanentemente guardada pelos homens, pois se fosse removida do lugar poderia ocorrer um cataclisma de grandes proporções, com o consequente aniquilamento do planeta. Sumé é uma antiga entidade da mitologia dos povos Tupy, que teria estado entre os índios antes dos portugueses e passado conhecimentos relativos à agricultura, manejo do fogo, regras de organização social, cura e diversos outros aspectos da vida.

O encontro que se deu entre a religiosidade Tupinambá de Olivença e o catolicismo, naturalmente, produziu um apagamento das vivências do sagrado desse povo e a preponderância dos mitos e ritos católicos dos colonizadores. Em decorrência desse fato, atualmente, as festas religiosas dos Tupinambá são de natureza católica encontrando-se, aqui e ali, sinais da cultura dos povos originários. Em fins de maio, comemoram o Divino Espírito Santo, usando como símbolo principal a Bandeira do Divino que circula, durante todo o mês, pelos vários lugares habitados da mata, encerrando a peregrinação com uma missa festiva em Olivença.

Em janeiro, realizam a Festa da Puxada do Mastro de São Sebastião, cujo ritual mais importante consiste em derrubar uma árvore na floresta, transformá-la num mastro e arrastá-lo, em procissão, até a vila, enquanto entoam-se cantos em Tupy antigo. Durante o percurso, os fiéis retiram pedaços da casca da árvore, por acreditarem que, através de seu intermédio, São Sebastião realiza milagres.

Os Tupinambá também cultuavam Tupã, Jacy, Guaracy e Ruda. Tupã se manifestava sob a forma do som do trovão. Jacy, representada pela lua, era a divindade protetora das plantas e da reprodução. Guaracy, o sol, associado à pureza, à verdade e à luz. Ruda, o deus do amor, responsável por, flechando os seus corações, preparar as índias para viver a união conjugal.

Esses indígenas acreditavam na imortalidade da alma e afirmavam que antigos habitantes da terra, momentaneamente, vivendo no céu, voltariam a povoá-la no futuro.

A comunicação entre o mundo comum e os mundos sutis era permanente e realizada por intermédio dos Xamãs e Caraíbas, seus profetas, que falavam com frequência na terra sem mal.

Esse entrelaçamento de mundos traria para os Tupinambá a convivência diária com encantados: Jurupari, Anhangá, Curupira, Ipupiara, Boitatá. O Jurupari garantia a supremacia dos homens sobre as mulheres. Anhangá, que fora identificado com o diabo do catolicismo, atormentava as almas dos covardes. O Curupira, do mesmo modo assimilado aos demônios, atacava os índios nos caminhos da floresta, assim como o Boitatá, descrito como fachos cintilantes matadores de índios. Finalmente, os Ipupiaras eram criaturas aquáticas que arrastavam os incautos para o fundo do rio e dos lagos. Segundo Kaká Werá, na cultura brasileira de hoje, 90% das fábulas, lendas e mitos conhecidos são de origem Tupy.

Antropofagia ritual dos Tupinambá

Segundo Antônio Risério, a antropofagia era o ritual mais importante dentro da cultura Tupinambá. Este rito possibilitava uma vinculação com o passado, vingança de parentes que foram mortos, e com o futuro; produzia o movimento social através da iniciação para a vida adulta e geração de filhos. Ao jovem só era concedida a condição de adulto se ele já tivesse participado da execução ritualística de um inimigo. Somente a um matador era permitido constituir família, ter filhos e entrar no paraíso, após sua morte. Para o Tupinambá, se não houvesse a prática da antropofagia não existiria o futuro. Para Viveiros de Castro o nexo da sociedade Tupinambá é a vingança, e esta é o elo entre o que foi e o que será.

Ao ser capturado, o inimigo era imediatamente admitido à vida comum da tribo. Recebia uma esposa provisória que dele cuidava, dedicadamente, alimentando-o, provendo-o de todos os recursos disponíveis e até tendo filhos com ele. Incorporava-se ao cotidiano da comunidade, sem que se pudesse, mesmo, distingui-lo dos demais, a não ser por uma corda que levava ao pescoço, contendo alguns nós representativos dos meses ou anos em que permaneceria vivo antes da execução; esta, sempre festiva, com danças, alegorias, cânticos e muitos convidados.

Finda a execução, as mulheres se incumbiam de dividir o corpo, cozinhá-lo e distribuí-lo entre os presentes, com exceção, curiosamente, do executor. Este, em seguida à morte do inimigo sacrificado, retirava-se da aldeia para um longo e rigoroso resguardo, durante o qual recebia escoriações comemorativas, em várias partes do corpo, e ganhava um novo nome, o que lhe conferia grande honra. Era considerado o rito central da cultura Tupinambá, e como rito de iniciação, permitia a passagem do profano para o sagrado.

Alguns autores chegam a afirmar que a vida social, o ciclo de vida e o destino póstumo organizam-se em torno da vingança. Como disse Castro, ela é meta, motor e motivo daquela sociedade. Esse ritual foi proibido, e depois extinto, por determinação dos colonizadores e jesuítas.

Há uma rica bibliografia sobre o tema da antropofagia escrita por antropólogos e historiadores, que pode ser consultada.

Por outro lado, os psicólogos podem dar uma grande contribuição na leitura simbólica dese rito, como também pensar a vingança como elemento constitutivo e arquetípico da nossa psique. A vingança também nos pertence e nos habita.

Índios ressurgidos

> *A gente é teimoso igual bem-te-vi. Vê a morte nos olhos e faz que não vi.*
> Dona Maria, indígena Tupinambá.

Existe uma alma brasileira valente e guerreira.

Este é o sentimento que tenho e a constatação que faço depois de ter conhecido os Tupinambá e, em especial, os Tupinambá de Olivença. Sua história de luta e resistência, durante séculos, conseguindo, apesar dos muitos ataques que sofreram, preservar parte da sua cultura e a sua terra de origem, é algo que fortalece e inspira outros grupos indígenas a perseverarem nas suas lutas. Quando acontece um processo de desestruturação e destruição de um povo, a cultura é um dos principais elementos de resistência.

Sobre os Tupinambá de Olivença há registros, muito confiáveis, escritos a partir de 1500, por autores como Hans Staden, Jean de Léry e André Thevet, além das cartas jesuíticas da época, que nos dão notícias, muito precisas, acerca de quem eram e de como ali viviam os indígenas, verdadeiros donos daquelas terras. Provavelmente, a primeira ação violenta e organizada sobre os Tupinambá se deu em 1559 através da Batalha dos Nadadores, sem dúvida a mais cruel e sangrenta de todas que, além de dizimar milhares de índios, destruiu totalmente suas aldeias de origem. Os portugueses, em seguida, criaram um novo aldeamento, ocupado por várias etnias, propositadamente, para descaracterizar a cultura de cada uma delas. Mais recentemente, com o desenvolvimento das plantações de cacau, a espoliação e a invasão das terras indígenas se agravaram e, gradativamente, os índios foram sendo expulsos pelos "coronéis", fazendeiros do cacau, de uma forma igualmente violenta, apoiados pela polícia e pelo Estado. Mais uma vez, muitas mortes ocorreram, e a mais dolorosa para a comunidade foi a do grande líder Tupinambá Marcelino.

A história dos povos indígenas no Brasil foi marcada pelo silenciamento, pela negação de sua identidade e alteridade. Pode-se dizer que só agora os índios conquistaram um lugar na sociedade que lhes garante voz e visibilidade como sujeitos e agentes históricos. A identidade indígena no Brasil é um tema de grande complexidade e, como nos fala a antropóloga Manuela Cunha, no livro *A história dos índios no Brasil*, "ter uma identidade é ter uma memória própria; por isso, a recuperação da própria história é um direito fundamental das sociedades".

Há um processo, em curso, de resgate da identidade indígena que recebeu o nome de "Ressurgidos". Este movimento se contrapõe às várias tentativas de promover a alienação da cultura indígena que vem ocorrendo há décadas, principalmente pelo estímulo às migrações das tribos, com a consequente perda de suas terras e o afastamento de suas matrizes. Outro fator de relevância a ser considerado é a miscigenação que se intensifica pelos processos migratórios, com graves consequências, entre estas, o desaparecimento das características fisionômicas e da cor da pele, o que traz sérios problemas identitários, geradores de discriminação e exclusão. Os índios migrantes, com o tempo, tornam-se caboclos ou pardos e são chamados, depreciativamente, de "falsos índios".

No prefácio do seu livro *Os índios e o Brasil*, Gomes (2017: 9) propõe várias perguntas, e uma delas é a seguinte: "Que futuro existe para os índios?"

Sobre o futuro dos índios, o autor se coloca otimista e nos lembra de que muitos povos indígenas sobreviveram a

500 anos de destruição, massacre, doenças, e os seus descendentes estão aí. Este é um fato surpreendente. Os Tupinambá são um povo, dentre outros, que nos chama a atenção pela extraordinária capacidade de resistir e sobreviver. Admite-se que os índios não foram completamente extintos, dizimados, porque estão amparados por uma cosmogonia definida e porque a vida para eles tem sentido e significado.

Algumas décadas atrás, indigenistas e antropólogos, dentre eles Claude Lévi-Strauss e Darcy Ribeiro, "profetizaram" a extinção física e cultural do índio brasileiro. Para eles, na convivência com a sociedade, os índios "perderiam os seus hábitos, abandonariam as bases da sua cultura e seriam assimilados ao modo de ser brasileiro". As previsões de Darcy e Lévi-Strauss não se confirmaram, felizmente. Segundo Gomes, contrariando as expectativas, as populações indígenas vêm crescendo, nas últimas cinco décadas, mesmo enfrentando perseguições, violência e morte. Tem-se observado comunidades de lavradores no sertão nordestino e de ribeirinhos no Amazonas que, vivendo como caboclos, por motivos vários, "ressurgem" e assumem uma identidade indígena baseada na memória ancestral e na convivência com outros índios. Será que os índios conseguirão se inserir na sociedade e ao mesmo tempo preservar suas tradições? Penso que sim e penso, também, que será com eles, os indígenas, que têm mais de 500 anos de experiência em resistência, que iremos aprender. Vivemos tempos difíceis pelo impacto do que nós, ao longo de séculos, causamos ao planeta e a nós mesmos. Todos os seres que aqui habitam estão ameaçados de extinção, e não há nada mais grave do que isso. Ailton Krenac (2019), falando da sua experiência, nos diz: "o que aprendi ao longo dessas décadas é que todos precisam despertar, porque, se durante um tempo, éramos nós, os povos indígenas, que estávamos ameaçados de ruptura ou da extinção dos sentidos das nossas vidas, hoje estamos todos na iminência de a Terra não suportar a nossa demanda".

Conclusão

Chegamos, finalmente, ao coração do problema. Se nos predispusermos à recepção não preconceituosa da psique indígena, e de tudo o que ela representa neste momento de crise dos valores ditos modernos, estaremos trabalhando para introduzir em nossa consciência de hoje a alteridade radical, uma lógica que nos é desconhecida, uma estética nova, uma espiritualidade que não conhecemos, uma percepção, uma sensibilidade, um modo de ser que ignoramos. Esta é a grande tarefa utópica para o século XXI brasileiro, esse trabalho de verdadeira alquimia, que parte da fusão e percorre todas as etapas da transmutação dos elementos, até chegar à quintessência, a última depuração da mistura, de onde brota a qualidade mais criativa e mais profunda. Isso, de fato, nunca ocorreu na nossa história e em nossos processos culturais. E só isso poderia nos completar psíquica e historicamente, quando então descobriríamos a plenitude de nossa verdadeira identidade" (GAMBINI 2000: 26).

Para finalizar, escolhi este texto de Roberto Gambini, no qual ele afirma que é possível nos abrirmos à psique indígena, ao mistério do outro e assim acolher a alteridade radical que o índio nos traz. Escolhi porque, como outros já citados, o autor também tem a sua utopia: introduzir na nossa consciência e acolher no nosso coração a "alteridade radical" indígena. Como ele afirma, o acolhimento à alteridade é a nossa questão principal e podemos dizer que quase tudo se reduz a isso. Esta será a grande utopia para o século XXI, tarefa para a qual ele convida a todos e de forma especial aos psicólogos e psicoterapeutas, cujo trabalho diário é acolher as diferenças no campo individual e coletivo.

Referências

ARANTES, J.T. (2016). *As relações étnico-raciais sob o crivo da psicologia*. São Paulo: Agência Fapesp [Disponível em http://agencia.fapesp.br/as_relacoes_etnicoraciais_sob_o_crivo_da_psicologia/23466/ – Acesso em nov./2019].

ARAÚJO, F.C. (2002). *Da cultura ao inconsciente cultural* – Psicologia e diversidade étnica no Brasil contemporâneo. Brasília: Scielo [Disponível em http://www.scielo.br/scielo.php?script=sci_arttext&pid=S1414-98932002000400004 – Acesso em dez./2019].

BOECHAT, W. (org.) (2014). *A alma brasileira*: luzes e sombra. Petrópolis: Vozes.

BRASIL (1988). *Constituição da República Federativa do Brasil* [Disponível em http://www.senado.leg.br/atividade/const/con1988/con1988_18.02.2016/art_231 – Acesso em mar./2019].

BYNGTON, C.A.B. (org.) (2006). *Moitará I* – O simbolismo nas culturas indígenas brasileiras. São Paulo: Paulus.

CAMINHA, P.V. (2015). *Carta a el-Rei Dom Manoel sobre o achamento do Brasil*. Rio de Janeiro: Fundação Biblioteca Nacional [Disponível em http://objdigital.bn.br/Acervo_Digital/livros_eletronicos/carta.pdf – Acesso em nov./2019].

CAMPBELL, J. (1997). *O voo do pássaro selvagem* – Ensaios sobre a universalidade dos mitos. Rio de Janeiro: Rosa dos Tempos.

_____ (1990). "O poder do mito". In: MOYERS, B. (org.). São Paulo: Palas Athena.

CASTRO, E.V. (2015). "O que se vê no Brasil hoje é uma ofensiva feroz contra os índios". In: *O Globo*. Rio de Janeiro [Disponível em https://oglobo.globo.com/cultura/livros/eduardo-viveiros-de-castro-que-se-ve-no-brasil-hoje-uma-ofensiva-feroz-contra-os-indios-17261624#ixzz5BCIq3T00stest – Acesso em fev./2018].

CUNHA, M.C. (org.). (1992). *História dos índios no Brasil*. São Paulo: Companhia das Letras.

DUARTE, A.J.O. (2017). "Ecologia da alma – A natureza na obra científica de Carl Gustav Jung". In: *Junguiana*, vol. 35, n. 1. São Paulo.

GALEANO, E. (1997). "O direito de sonhar". In: *Revista Prosa Verso e Arte* [Disponível em https://www.revistaprosaversoearte.com/para-que-serve-a-utopia-eduardo-galeano/ – Acesso em dez./2019].

GAMBINI, R. (2000). *Espelho índio* – A formação da alma brasileira. São Paulo: Axis Mundi/Terceiro Nome.

GANDAVO, P.M. (2008). *Tratado da terra do Brasil* – História da Província Santa Cruz, a que vulgarmente chamamos Brasil. Brasília: Senado Federal/Conselho Editorial [Disponível em https://www2.senado.leg.br/bdsf/bitstream/handle/id/188899/Tratado%20da%20terra%20do%20Brasil.pdf?sequence=1&isAllowed=y – Acesso em dez./2019].

GOMES, M.P. (2017). *Os índios e o Brasil*: passado, presente e futuro. São Paulo: Contexto.

GUARACY, T. (2015). *A conquista do Brasil* – Como um caçador de homens, um padre gago e um exército exterminador transformaram a terra inóspita dos primeiros viajantes no maior país da América Latina. São Paulo: Planeta.

INSTITUTO BRASILEIRO DE GEOGRAFIA E ESTATÍSTICA (2017). *Censo Brasileiro 2015*. Rio de Janeiro: IBGE.

_____ (2012). *Censo Brasileiro 2010* – Características gerais dos indígenas: resultados do universo. Rio de Janeiro: IBGE [Disponível em https://censo2010.ibge.gov.br/noticias-censo?busca=1&id=3&idnoticia=2194&t=censo-2010-poblacao-indigena-896-9--mil-tem-305--etnias-fala-274&view=noticia – Acesso em fev./2018].

JECUPÉ, K.W. (1998). *A terra dos mil povos* – História do Brasil contada por um índio. São Paulo: Peirópolis.

JUNG, C.G. (2014). *Seminários sobre psicologia analítica* (1925). Petrópolis: Vozes.

_____ (2012a). *A vida simbólica* – OC 18/1. Petrópolis: Vozes.

_____ (2012b). *Aspectos do drama contemporâneo* – OC 10/2. Petrópolis: Vozes.

_____ (2012c). *Os arquétipos e o inconsciente coletivo* – OC 9/1. Petrópolis: Vozes.

_____ (2012d). *Símbolos de transformação* – OC 5. Petrópolis: Vozes.

_____ (2011a). *Psicologia do inconsciente* – OC 7/1. Petrópolis: Vozes.

_____ (2011b). *A prática da psicoterapia*. Petrópolis: Vozes.

_____ (2002). *Dicionário Junguiano*. São Paulo: Paulus.

_____ (1999). *Cartas*. Vol. 1. Petrópolis, Vozes.

_____ (1975). *Memórias, sonhos e reflexões*. Rio de Janeiro: Nova Fronteira.

KRENAK, A. (2019). *Ideias para adiar o fim do mundo*. São Paulo: Companhia das Letras.

LEITE, S. (1954). *Cartas dos primeiros jesuítas do Brasil*. São Paulo: Comissão do IV Centenário da Cidade de São Paulo.

MATA, V. (2015). *O racismo é, sim, promotor de sofrimento psíquico*. Brasília: Conselho Federal de Psicologia [Disponível em https://site.cfp.org.br/o-racismo-e-sim-promotor-de-sofrimento-psiquico/ – Acesso em set./2015].

MELLO, T. (2017). *Faz escuro mas eu canto*: porque a manhã vai chegar. São Paulo: Global.

OLIVEIRA, H. (org.) (2018). *Desvelando a alma brasileira* – Psicologia junguiana e raízes culturais. Petrópolis: Vozes.

O povo brasileiro (2000). Dir. de Isa Grinspum Ferraz. São Paulo: Versátil Home Vídeo. 1 DVD (280min.).

PIERI, P.F. (org.) (2002). *Dicionário Junguiano*. São Paulo: Paulus.

PIERRI, D.C. (2006). "Por sobre os ombros de um viajante – Ensaio sobre o movimento, o perspectivismo e o xamanismo na cosmologia Tupinambá a partir da obra de André Thevet". In: *Cadernos de Campo*, n. 14/15, p. 145-166. São Paulo.

PRIORI, M. (2016). *História da gente brasileira* – Vol. I: Colônia. São Paulo: Leya.

RIBEIRO, D. (1995). *O povo brasileiro*: a formação e o sentido do Brasil. São Paulo: Círculo do Livro.

RISÉRIO, A. (2004). *Uma história da cidade da Bahia*. Rio de Janeiro: Versal.

SHAMDASANI, S. (2014). *C.J. Jung*: uma biografia em livros. Petrópolis: Vozes.

_____ (2005). *Jung e a construção da psicologia moderna* – O sonho de uma ciência. São Paulo: Ideias & Letras.

SIASI/SESAI (2013). *Quadro geral dos povos* – Pará [Disponível em https://pib.socioambiental.org/pt/Povo:Tupinamb%C3%A1_de_Oliven%C3%A7a – Acesso em jan./2019].

SINGER, T. & KIMBLES, S. (2005). *The Cultural Complex*: Contemporary Junguian Perspectives on Psycheand Society. Londres: Routledge.

VIEIRA, A.G. (2006). *A função da história e da cultura na obra de C.G. Jung*. Canoas: Aletheia [Disponível em http://pepsic.bvsaludorg/scielo.php?script=sci_arttext&pid=S141303942006000200010&lng=pt&nrm=iso – Acesso em mar./2018].

2 O etnocídeo indígena e o complexo cultural brasileiro da negação do Outro

Humbertho Oliveira

> *[...] Consequência: temos dificuldade de conviver com o diferente, entendendo-o como desigual. O índio não é ainda considerado plenamente "gente", por isso suas terras são tomadas, muitos são assassinados e, para não morrerem, se suicidam. Há uma tradição de intolerância e negação do outro.*
>
> Leonardo Boff

Complexo cultural e inconsciente cultural: o que está dentro está fora, o que está fora está dentro

Para pensar essa relação entre o histórico genocídio indígena brasileiro e o sintoma da negação do outro entre nós, a psicologia analítica nos provê dos conceitos de inconsciente cultural e de complexo cultural, noções que nos ajudam a construir compreensibilidades para a relação entre o indivíduo e a cultura, entre os eventos psíquicos interiores e os exteriores, ampliando-nos a visão da relação consciente-inconsciente.

Esses conceitos oferecem, mais especificamente, a perspectiva do entendimento das experiências psíquicas dos indivíduos, no que se refere aos conflitos de identidade pessoal e grupal e das relações para com o mundo. Isto é, as visões de inconsciente cultural e complexos pessoais e culturais suportam o entendimento da natureza e dinâmica dos grupos, da relação entre os grupos e, portanto, dos conflitos sociais. Trata-se de uma concepção acerca da psique coletiva, alinhada completamente com o ponto central da teoria junguiana: o inconsciente coletivo.

Joseph Henderson definiu o inconsciente cultural como
> uma área de memória histórica que fica entre o inconsciente coletivo e o padrão de manifestação da cultura. Pode incluir ambas as modalidades, conscientes e inconscientes, tem algum tipo de identidade decorrente dos arquétipos do inconsciente coletivo, auxilia na formação do mito e do ritual e também promove o processo de desenvolvimento nos indivíduos (HENDERSON, 1990: 102, 103).

Assim como o inconsciente coletivo e o pessoal, o inconsciente cultural também atuaria através dos caminhos dinâmicos que os complexos empreendem, sugerem e coagulam no cotidiano da vida humana.

Os complexos são forças fundamentais na vida psíquica. São entidades, funções, linhas de vida. Emocionais por excelência, mas altamente carregados de ideias. São imagens centro-alinhadas a um núcleo arquetípico. Para Jung,
> o complexo diz respeito ao corpo, ele tem uma certa forma fisiológica de se apresentar. Ele pode perturbar o estômago, a respiração, o coração; em suma, ele se comporta como uma personalidade parcial. Por exemplo, quando você quer dizer ou fazer alguma coisa e, infelizmente, um complexo interfere na sua intenção, então você pode dizer ou fazer algo diferente do que pretende. Você é simplesmente interrompido, e sua melhor intenção fica interferida

pelo complexo, exatamente como se você tivesse tido a interferência de um ser humano ou por uma circunstância de fora (JUNG, 2011, § 72).

Na perspectiva junguiana, o que importa em relação à noção de complexos é que ela aponta para a busca da consciência. A energia liberada pela formação de consciência se tornaria disponível para a criação de alma, para a presentificação de caminhos ainda não possíveis. O complexo apodera-se da psique/soma distraindo-os em relação a algo mais essencial para a vida, carecendo de ampliação da consciência.

Coube a Thomas Singer e a Catherine Kaplinsky a aproximação desses dois conceitos, inconsciente cultural e complexos, criando o conceito de complexo cultural, "um outro nível de complexos [que] existe dentro da psique do grupo e dentro do indivíduo naquilo que é a camada referente a grupo em sua psique" (SINGER & KAPLINSKY, 2010).

Para esses autores, tanto os complexos pessoais quanto os complexos culturais estão implicados mutuamente, afetando-se. Ambos se manifestam intensamente emocionais e mantêm-se por meio dos comportamentos repetitivos. Ambos os complexos resistiriam "aos nossos esforços mais heroicos para torná-los conscientes", já que eles se impõem em função da ancestralidade memorial de afirmações que experimentam e validam. Os complexos pessoais e culturais estão relacionados ao arquetipicamente humano e a seus mais primordiais e significativos eventos; difíceis, portanto, de "serem controlados, refletidos e discriminados" (SINGER & KAPLINSKY, 2010).

Para Singer & Kaplinsky,
> os complexos culturais são baseados em experiências históricas frequentemente repetidas que se enraizaram na psique coletiva de um grupo e nas psiques dos membros individuais de um grupo [...].

> Como tal, os complexos culturais podem ser pensados como blocos de construção fundamentais de uma sociologia interior [...], uma descrição de grupos e classes filtrada através das psiques de gerações de antepassados, [...] [contendo] uma abundância de informação e desinformação sobre [...] as sociedades (SINGER & KAPLINSKY, 2010).

Esses autores nos apresentam uma visão dos grandes complexos mundiais envolvidos no conflito Ocidente-Oriente. Eles relacionam a geopolítica, a psicologia e a religião para nos falar de "uma época em que uma configuração rara de complexos culturais foi se alinhando em uma certa combinação que predispõe ao desencadeamento de forças destrutivas maciças" (SINGER & KAPLINSKY, 2010).

Nesse estudo, os referidos autores citam alguns importantes complexos culturais ocidentais: compulsão para a realização heroica, pela altura, pela velocidade e pela inocência; e apego à juventude, à novidade e ao progresso. Já em relação ao Oriente, apresentaram também alguns de seus complexos culturais: adesão à pureza, ao absolutismo, à tradição, à incorruptibilidade, à renúncia ao materialismo.

E nos esclarecem:

> Se você colocar todos esses ingredientes dos complexos culturais ocidentais e islâmicos juntos, verá que temos uma receita verdadeiramente terrível, uma fermentação de bruxa, que tem mobilizado enormes energias na vida das nações e na psique dos indivíduos, especialmente no que diz respeito à sua relação com o mundo. Esses complexos culturais ativados, transmitidos através do inconsciente cultural, colocam-nos diante dos transbordamentos arquetípicos dos leitos de rios antigos que Jung descreveu em seu ensaio sobre

Wotan, em *Civilização em mudança* (SINGER & KAPLINSKY, 2010).

Por fim, muito clara e profundamente, associaram a explosão conflito Ocidente-Oriente ao poderio americano. Argumentam sobre a força de "uma crença profunda na capacidade de resistência, especialmente, o espírito-grupo americano que pode facilmente traduzir-se em arrogância e grandiosidade". Relacionam a resposta oriental a esse poderio, falando da presença no Oriente de "uma profunda ferida no centro do seu espírito de grupo gerando o desespero e a autodestruição; o sentimento de humilhação está no cerne da experiência de si mesmo" (SINGER & KAPLINSKY, 2010).

Complexos culturais brasileiros

Voltemos, então, à nossa epígrafe inspiradora. Leonardo Boff, o teólogo brasileiro assumidamente junguiano, apresenta-nos com uma clareza crítica espantosa quatro dos mais centrais complexos culturais brasileiros, referindo-se a seus aspectos sombrios e relacionando-os à realidade brasileira atual (BOFF, 2016).

Boff nos apresenta o complexo cultural da corrupção, situando sua origem no histórico roubo de nossas riquezas e relacionando-o a como estruturamos em nossas mentes e corações o tal do "jeitinho brasileiro", uma complexidade existencial organizada em função do próprio benefício que nega o direito alheio e do direito de enganar, prejudicar, burlar leis, subornar, não pagar impostos, mentir, falsificar e não cumprir deveres.

Um outro complexo cultural seria o complexo da casa grande/senzala, estritamente relacionado à história da escravidão. Esse complexo teve seu terrível surgimento na nossa já tão estudada história dos 5 milhões de africanos trazidos para o trabalho forçado, ao longo de nossa colonização, na condição de peças a serem negociadas, com maus-tratos covardes, ao som das chibatas e dos choros. Na nossa formação social patriarcal, uma estrutura mental determinante dos comportamentos das classes senhoriais se formou para sempre. Esse complexo está associado ao desrespeito ao outro, à ideia de que o outro está aí para nos servir, à busca do privilégio e do bem particular.

Talvez ainda mais antigo em sua origem, há um complexo relacionado ao nosso passado colonial violento, às invasões de terras indígenas, à submissão dos povos, à imposição da fala da língua do invasor e à absorção das formas políticas do outro. Podemos aqui falar dos complexos culturais da dominação e da crença subjetivada de que somente o que é estrangeiro é bom. Atualmente, esse complexo atua em níveis coletivos, quando nos vendemos ao estrangeiro por meio das privatizações de nossas produções.

E há, segundo Boff, o complexo cultural relacionado historicamente ao genocídio indígena. Eram mais de 4 milhões na chegada dos colonizadores. Mas os massacres foram muitos. O complexo cultural aqui referido diz respeito à impossibilidade de conviver com o diferente, com a igualdade. O que vemos é que, mesmo ainda hoje, o índio não é tratado como ser humano. Suas terras continuam sendo tomadas. Há muitos assassinatos e suicídios de indígenas. Há mesmo uma intolerância. Há mesmo uma negação do outro.

Diz Boff:
> As quatro sombras recobrem a nossa realidade social e dificultam uma síntese integradora. Elas pesam enormemente e vêm à tona em tempos de crise como agora, manifestando-se como ódio,

raiva, intolerância e violência simbólica e real contra opositores. Temos que integrar essa sombra, como diria C.G. Jung, para que a dimensão de luz possa predominar e liberar nosso caminho de obstáculos (BOFF, 2016).

O massacre dos povos indígenas

Estudos confirmam que em todos os países cujo território foi ocupado por colonizações houve destruição intensiva das populações originárias. Assim o foi nas Américas, na Austrália, na África e na Ásia, quando invadidas por Portugal, Espanha, Grã-Bretanha, nas expansões renascentistas.

Além dos massacres diretos, os assassinatos e mesmo a dizimação de muitos grupos inteiros, a colonização foi etnocida, destruindo o modo de vida das populações indígenas, impondo modos de vida do colonizador, retirando deliberadamente as terras pertencentes a esses povos para a extração de recursos ou para a instalação da colonialidade, agenciando os povos no trabalho forçado, impedindo as práticas identitárias, as realizações culturais e religiosas dessas sociedades, criando um fundo de extermínio genocida. Os povos ameríndios foram dizimados em cerca de 90%, em 500 anos de colonização europeia, propiciando um holocausto, gerando uma tragédia.

No México há relatos históricos de recompensas para os escalpos dos guerreiros, suas mulheres e crianças, e relatos de fugas heroicas. Nos Estados Unidos há registros de distribuição, por parte das autoridades coloniais, de cobertores infectados com varíola e de impedimento de vacinações contra a varíola em algumas tribos indígenas; além de remoções forçadas de tribos gerando milhares de mortes, o que se costumou, tristemente, chamar de Trilha das Lágrimas. Registrada foi, ademais, em meio aos massacres, a tomada de partes dos corpos como troféus, podendo haver entre essas partes fetos humanos e genitálias.

No Caribe há registros impressionantes do genocídio em forma de escravidão e de conversões impostas. Os índios amazônicos, durante o ciclo da borracha, foram submetidos a trabalhos humilhantes, a força de torturas, mesmo.

Em nosso país, documentos importantes apresentam horrores genocidas contra os povos indígenas entre os períodos de 1947 e 1988, verdadeiros assassinatos coletivos, com requintes de crueldade. A Comissão Nacional da Verdade, órgão com a função de investigação das quebras de direitos humanos, ainda tenta fazer firmar aos nossos brios esses documentos e essas informações: tribos inteiras exterminadas no Maranhão, ataque aos cintas-largas do Mato Grosso com apenas dois sobreviventes, envolvimento direto do SPI (Serviço de Proteção ao Índio) nessas barbáries, latifundiários atuando sem lei na intenção de extermínio de comunidades indígenas inteiras. Na Colômbia, na Guatemala e no Paraguai encontram-se documentos semelhantes.

"O Brasil é líder disparado no genocídio de índios na América Latina. O número de índios no Brasil caiu vertiginosamente. Em nossos territórios os índios foram praticamente extintos. Em outros países da América Latina as populações indígenas foram bem mais preservadas e integradas." São algumas das importantes observações feitas na obra *O mundo indígena na América Latina – Olhares e perspectivas*, lançado pela Universidade de São Paulo (USP), em função do Dia do Índio. A edição, uma coletânea de artigos organizados pelos professores Gerson Damiani, Wagner P. Pereira e Maria A.G.

Nocetti, foi coordenada pela socióloga, diplomata e política mexicana Beatriz Paredes (governadora do Estado de Tlaxcala entre 1997-2002) e embaixadora do México no Brasil em 2012.

> Aqui, convido o leitor a uma série de imagens acessáveis com esses títulos nos respectivos endereços. Elas nos oferecem, duramente, um retrato vivo desse holocausto indígena brasileiro.
>
> - Do comando da Funai o massacre indígena só aumenta [Disponível em www.causaoperaria.org.br]
> - Documento que registra extermínio de índios é resgatado após décadas desaparecido [Disponível em www.em.com.br]
> - Encontrado documento que comprova massacre de indígenas durante a ditadura militar [Disponível em www.agroolhar.com.br]
> - "Eu chorei, não aguentei ver em mim um índio pisado no começo de uma nova era de 500 anos" [Disponível em www.buainain.com]
> - Evidências de um genocídio indígena no Brasil têm repercussão internacional
> [Disponível em www.em.com.br]
> - Genocídio dos povos indígenas [Disponível em pt.wikipedia.org]
> - Há cinco séculos, índios e negros são massacrados no Brasil [Disponível em observatorio3setor.org.br]
> - Índios Kanamari apontam massacre na segunda maior terra indígena do Brasil [Disponível em deolhonosruralistas.com.br]
> - Mapa do massacre de indígenas e uma história de resistência [Disponível em http://racismoambiental.net.br]
> - Massacre de indigenas no MS é também um massacre midiático [Disponível em cebi.org.br]
> - Massacre de índios pela ditadura militar [Disponível em Istoe.com.br]
> - Massacre dos índios Paiacu, Ceará [Disponível ensinarhistoriajoelza.com.br]
> - Massacre indígena durante colonização da América [Disponível em publicadosbrasil.blogspot.com]
> - Massacre indígena no ciclo da borracha [Disponível em www.cineset.com.br]
> - Nota de repúdio e exigência de investigação no caso do massacre dos povos isolados no Vale do Javari [Disponível em apib.info]

- O maior massacre da história indígena [Disponível em jornalggn.com.br]
- O massacre de Ilhéus [Disponível em www.geocities.ws]
- O massacre de indígenas e o silêncio do governo de Mato Grosso do Sul [Disponível em racismoambiental.net.br]
- O massacre do povo indígena de Wajãpi [Disponível em pt.org.br]
- Os crimes contra os povos indígenas, por Ruben Rosenthal [Disponível em jornalggn.com.br]
- Povos indígenas do Brasil lideram protestos internacionais do "Janeiro Vermelho" [Disponível em www survivalbrasil.org]
- Povos indígenas no Brasil 500 anos de massacre [Disponível em nodeoito.com]
- Presidência "declara guerra" contra os povos indígenas do Brasil [Disponível em www.survivalbrasil.org]
- Primeiros dias de 2016 confirmam roteiro do massacre indígena no Brasil
[Disponível em outraspalavras.net]
- Propriedade do agronegócio [Disponível em www.causaoperaria.org.br]
- Senado brasileiro vai investigar massacre de índios isolados no Amazonas [Disponível em www.abrilabril.pt]
- Presidência inicia um novo ciclo de massacre aos povos indígenas [Disponível em www.cultbrasilia.org.br]
- Tribo dos Guarani atacada por fazendeiros na Amazônia [Disponível em brasilianismo.blogosfera.uol.com.br]
- Um massacre de indígenas no Amazonas [Disponível em gazetadopovo.com.br]

E, por fim, depois de muitas evidências dos mais variados horrores praticados nas últimas décadas, incluindo as mais refinadas crueldades, queimados vivos, por exemplo, "estamos assistindo a uma ofensiva final contra os povos indígenas", diz o antropólogo Eduardo Viveiros de Castro (VIVEIROS DE CASTRO, 2019).

Estamos, em relação à alma brasileira, confinando à eterna sombra os mais fundamentais ingredientes do nosso complexo cultural da negação do Outro. Nos mais recentes momentos, esse ataque à alma brasileira se mostra através das novas políticas hegemônicas, um misto de capitalismo selvagem, de fundamentalismo conservador e de milicianismo aviltante apoiados pelos ávidos detentores do dinheiro e das terras. A intenção inequívoca é a de privatizar tudo; a terra dos índios, antes demarcada e preservada, está completamente ameaçada de extinção, com toda a descarada explicitude, caminhando assim para a efetiva colonização dela inteira.

Uma das manobras midiáticas desse nosso momento político é da esfera deliberada da mentira acintosa, da perversidade coagulada na comunicação de massa as já conhecidas *fake news*, com a simples intenção de fazer imperar o mais cruel e selvagem capitalismo. Dizem esses perversos detentores do poder que:

- Estamos sendo invadidos pelo estrangeiro; com a nítida intenção de afastar qualquer controle de Estado na Amazônia e poder, aí sim, vendê-la para o estrangeiro; e estão mesmo, enquanto isso, vendendo as terras da Amazônia para proprietário de fora de nosso país.
- As reservas ecológicas protegidas são obstáculos ao nosso desenvolvimento; para embasar a simples desconsideração delas.
- O Estado precisa ter apenas um poder de supervisão; para se entregar mais facilmente as terras ao sistema privado.
- As capitanias hereditárias, os bandeirantes, a ditadura (forças políticas que assassinaram e destronaram os índios) são o melhor que tivemos; justificando o valor do empreendedorismo de privilégios a qualquer preço.

Mas acontece que as terras demarcadas dos índios ainda não foram devolvidas a eles, são terras do Estado, "emprestadas" a eles, depois de terem sido tomadas, claro. Um poder perverso pode tirar deles a terra, pode privatizar, pode mais uma vez, e agora talvez ainda mais, servir definitivamente à burguesia, aos ditos donos da terra, aos complexos coletivos devoradores pela possessão. Assim, mantém-se a negação de quem são os verdadeiros donos da terra, o afundamento na sombra da experiência de iluminação do *Self* coletivo. Trata-se do complexo cultural da *negação do outro*, coletivamente ativado na forma de um desejo de aniquilamento do outro original, sélfico. O "objetivo, agora, é completar o processo iniciado com a invasão da América pelos portugueses. Isso é muito claro" (VIVEIROS DE CASTRO, 2019).

Temos pouquíssima, ou quase nenhuma noção de que, como brasileiros, somos índios, somos mestiçaria pura! O melhor de nós não é Portugal, França, Inglaterra e Estados Unidos. Até mesmo nossa genética já nos diferencia; estudado por geneticistas contemporâneos, temos mais material genético indígena e africano do que eventualmente nossa própria pele branca pode fazer supor. Aos negros, dedicamos nosso ódio racial, um racismo feroz muitas vezes velado por uma *persona* cordial. Mas para com os índios, redobramos nosso ódio através de um "racismo territorial" (VIVEIROS DE CASTRO, 2019).

O Outro está sendo considerado uma espécie para sempre supérflua, descartável e extirpável, no caudal dessa contemporaneidade individualista; e, portanto, muitas vezes massacrado em prol da inflação do mim-mesmo, do ego, das subjetividades relacionadas à classe social à qual pertenço, das ambições sem limite. O Outro, por excelência, na nossa colonizadora história, é mesmo o índio, aquilo que se define como origem profunda de nós mesmos. O Outro está terrivelmente ameaçado.

Diz Eduardo Viveiros de Castro:
> De um lado, acho que nós estamos assistindo a uma espécie de ofensiva final contra os povos indígenas. É a grande onda agora, e vai por todos os lados. Se não for comprando eles com dinheiro, vai ser metendo os evangélicos malucos lá pra quebrar, pra proibir pajelança, fazer o diabo, acusar os índios das coisas mais loucas (VIVEIROS DE CASTRO, 2019).

Há, paralelamente a essa intensificação da colonização genocida humana, uma colonização mais contemporânea ainda em suas ações letais, uma destruição das condições materiais da vida, gerando uma crise ecológica já anunciada por grandes estudiosos como estado calamitoso e, em alguns níveis, já irreversíveis. Chegamos no nível da perspectiva de um "suicídio" ecológico. Estamos tirando o nosso próprio ar! Há uma asfixia das condições existenciais humanas, sociais e ecológicas em andamento, numa medida estontoante.

O crescimento enlouquecido em nossas terras vem gerando continuamente assassinatos daqueles que defendem a terra e a pujança inteira dos seus mananciais, suas florestas, animais e minérios. O crescimento vem perpetrando desastres mascaradamente genocidas: queimadas, grilagem, pastos para bois, plantações viciosas e roubadoras da alma da terra. A corrida desmedida à mineração acaba de ser responsável por alguns terríveis holocaustos, hecatombes; Brumadinho, por exemplo.

Não há como enfrentar essas forças destrutivas sem uma revisão radical na política do eu e suas relações com o Outro e com a vida; não há! Precisamos rever nossos esquemas de consumo, nosso projeto de uma sociedade que cresce sem parar sem uma efetiva redistribuição dos recursos materiais. Precisamos desativar a terrível desigualdade advinda dos princípios da busca dos privilégios. Esses são os fundamentos desses genocídios humanos e da natureza.

E, para além das vidas que se danificam, perdemos ainda muito mais quando atacamos as populações indígenas. Perdemos a perspectiva de reaprender com eles um modo muito vivo de se relacionar com outros seres viventes. Eles se colocam em pé de igualdade com tudo o que vive. Mantêm em sua cultura a perspectiva antinarcísica da não excepcionalidade. Eles mantêm a poética e a grandiosa noção de alma, que nos é tão cara na psicologia junguiana. Somos, todos os seres sencientes, igualmente almados e particularmente diferenciados em qualidades, e não em importâncias. Assim também fala a filosofia budista!

E estamos aqui tratando de algo fundamental para a nossa sobrevida na Terra. O encaminhamento narcísico que temos dado à nossa forma de vida humana está nos levando à perspectiva da extinção da espécie. Ou freamos a negação do outro, estampada nesse capitalismo do eterno e incongruente crescimento fadado a estourar, ou, então, estaremos nos condenando ao fim. Negar o outro é por fim negar a si mesmo.

Fazer alma, fazer consciência, ouvir o inconsciente: perspectivas de transformação

"Onde não existe o um 'Outro', ou ainda não chegou a existir, cessa toda possibilidade de se tornar consciente." Não há consciência sem o "Outro", individualidade sem o coletivo. A consciência é, para Jung, a segunda cosmogonia. A consciência, para ele, configura a trajetória biológica e política da humanidade, a existência objetiva, o lugar indispensável do humano no grande processo do ser (JUNG, 2011a, § 301).

A consciência indica sentido, funda e inaugura a realidade, compreende, aprecia e se posiciona em relação ao inconsciente. A consciência tem, por excelência, como parceira, a força *puer*, a criança que eternamente nasce. A dinâmica fundamental da consciência é a da transformação; movimenta-se numa enantiodromia em relação ao inconsciente. É pela consciência que se altera o viver, que se instala a determinação, a autonomia do sujeito. Como um *puer*, a consciência personifica a criança, apresenta os símbolos ligados à vivência da descendência, aos lugares da filha. A consciência no seu modo traz a mutabilidade, a futuridade; tem a responsabilidade de unir opostos e realizar; relaciona o heroico ao divino, o começo ao fim. A consciência organiza as forças vitais.

> "[...] não há conteúdo consciente que antes não se tenha apresentado ao sujeito", segundo Jung. Referir-se a um sujeito, em psicologia analítica, remete-nos, mais propriamente, ao si-mesmo, ao *Self*. E, no encontro com o pensamento contemporâneo, o *Self* não estaria, por excelência, referido a uma centralização do indivíduo, a algo que se possua, ao meu *Self*. O si-mesmo estaria referido a um constante emergir de vida, a partir do que vivenciamos no encontro com o outro, com a natureza, com os acontecimentos, ou seja, com tudo o que afeta os sujeitos/corpos e suas maneiras de viver neste mundo. O *Self*, para Jung, é uma referência da experiência coletiva do inconsciente, e, assim como todo o inconsciente, é criação" (OLIVEIRA, 2018: 118).

E diz Jung:

> Mas podemos dar um passo adiante e dizer que o inconsciente cria também conteúdos novos. [...]

> Sob esse ponto de vista, o inconsciente aparece como a totalidade de todos os conteúdos psíquicos *in statu nascendi*. [...] A melhor maneira talvez de compreender o inconsciente é considerá-lo como um órgão natural dotado de uma energia criadora específica (JUNG, 2011b, § 702).

A consciência é, segundo Jolande Jacobi, inconsciente, ao mesmo tempo. Todo psiquismo inconsciente seria consciente ao mesmo tempo! Ter consciência é poder construir um novo conhecimento, possibilitando a apreensão de um novo (JACOBI, 2016).

A ampliação do consciente implica definitivamente a transformação do sujeito, a recolhida das projeções, o encontro com a sombra, colocar o ego em questão; porque, segundo Jung, "o processo de desenvolvimento e diferenciação do consciente leva à crucificação do ego". Isso diz respeito à perspectiva de se atravessarem de tal maneira as autoimagens, que o espontâneo poderá surgir, aquilo em nós que quer ir adiante, mesmo que com dores. A consciência cria pontes com o *Self*, conquistando a liberdade para formar alma, construir sentido...

Em nossos tempos, essa liberdade produzida pela consciência implica fortemente a transformação radical do clima de aniquilamento do diferente, do império do si-mesmo, da subserviência às mídias que investem na preservação do capitalismo devorador, a todo custo, manipulando sem pudor algum. Nesse clima de nossa contemporaneidade, a ênfase nas intensidades projetivas ganha nuances: aparenta-se estar implicado na vida como forma de dominá-la; admiram-se eventos e personagens da sociedade transferindo assim o próprio poder; tudo se literaliza fazendo os heróis serem só heróis e os bandidos só bandidos, e para eles os aplausos e as intenções de extermínio; há quem só peque e quem só se ilumina. Este é o contexto do surgimento do desejo coletivo de destruição, gerando apego à segurança, aversão à liberdade, descaso para com a democracia, desprezo em relação à natureza, incômodo com o que é diferente, indiferença aos suicídios: miséria "samsárica".

Formar consciência, construindo senso de *Self*, pressupõe: desvencilhar-se das imagens-clichê; ansiar pela inclusão dos gestos do próprio passado; encontrar formas de narrativa de si na relação com tudo o mais; construir novas identidades mais do que o revelar de uma identidade; caminhar na direção de uma alegria de viver; inverter o espelho das águas narcísicas à contemplação do outro. Na experiência *Self*, consideram-se as dinâmicas do nascimento e da morte, do belo e do feio, de Deus e do diabo, da fatiga e do êxtase, do limite e da potencialidade criativa, da fragilidade e da força titânica, da incapacidade e da habilidade, da aceitação e da luta, do cuidado das feridas vivas. A construção de uma cultura da autorregulação e da habilidade para a ressonância com outros corpos traz à luz a perspectiva de uma essencial construção: o senso de empatia, a compaixão.

A psicologia analítica é por excelência uma antipsiquiatria amorosa, como demonstrou a discípula junguiana Nise da Silveira, e uma psicologia libertária como demonstrou o estudioso junguiano Leonardo Boff. Esta se constitui uma psicologia marcadamente humanista, fundamentada no coletivo (o inconsciente coletivo) e anunciadora da possibilidade de desenvolvimentos da individuação.

Há algo fundamental realmente na revolucionária visão psicológica de Jung, aparentemente contraditória mesmo: a noção de *Self*. Visto como uma unicidade reguladora da vida humana, ao mesmo tempo como uma multiplicidade autorregulável da vida. O *Self* aponta para a singularidade, para o mais profundo do si-mesmo, para o potencial, para o não vivido.

Inspirado na riqueza do conceito de *Self* em Jung, entendo que aquilo que chamamos de mim-mesmo, de si-próprio, de *Self*, definido como o centro do inconsciente coletivo, pode ser definido ao mesmo tempo como o *Outro*, o não-exatamente-eu. O si-mesmo é a possibilidade do outro. O outro é a possibilidade do si-mesmo. Baseados nessas possibilidades podemos ter esperanças de que, na luta pela consciência, possamos confrontar de tal forma o clima de negação do outro, que se possa então reverter a disposição narcísica para o desejo coletivo de destruição em interesse pela irmandade, sabendo que essa será a melhor maneira de encontrar a si mesmo!

Referências

BOFF, L. (2016). "Quatro sombras afligem a realidade brasileira". In: *Jornal do Brasil*, 21/03/2016 [Disponível em www.jb.com.br/leonardo-boff/noticias/2016/03/21/quatro-sombras-afligem-a-realidade-brasileira/ – Acesso em 11/04/2018].

HENDERSON, J. (1990). "The cultural unconscious". In: *Shadow and Self*. Wilmette, IL: Chiron Publications.

JACOBI, J. (2016). *Complexo, arquétipo e símbolo*. Petrópolis: Vozes.

JUNG, C.G. (2011). *A vida simbólica* – OC 18/1. Petrópolis: Vozes.

_____ (2011a). *Aion – Estudos sobre o simbolismo do si-mesmo* – OC 9/2. Petrópolis: Vozes.

_____ (2011b). *A natureza da psique* – OC 8/2. Petrópolis: Vozes.

OLIVEIRA, H. (2018). "Complexo cultural, consciência e alma brasileira". In: *Cadernos Junguianos*, vol. 14 [Revista anual da Associacão Junguiana do Brasil].

SINGER, T. & KAPLINSKY, C. (2010). "The Cultural Complex". In: STEIN, M. *Jungian psychoanalysis*: working in the spirit of C.G. Jung. Chicago: Open Court Publishing Company, 2010, p. 22-37 [Disponível em aras.org/sites/default/files/docs/00042SingerKaplinsky.pdf – Acesso em 11/04/2018].

VIVEIROS DE CASTRO, E. (2019). Entrevista feita pela Agência de Jornalismo Investigativo [Disponível em https://apublica.org/2019/10/viveiros-de-castro-estamos-assistindo-a-uma-ofensiva-final-contra-os-povos-indigenas/ – Acesso em 02/12/2019].

3 Pacificando o encontro com a origem ancestral

Andrea Cunha

Origem do processo

O meu caminho se inicia nas memórias de conversas com meu avô, de origem indígena, sentado numa rede, nos contando histórias, o que culminou, anos depois, num Xapore feito com o Tuchau Yanomami, nas terras denominadas Xitei, em Roraima. Essa incrível viagem no universo indígena, que tem se estendido até os dias atuais, iniciou-se em 16 de março de 2004, em Boa Vista, RR.

Tive um encontro com um indígena, que se deu em um departamento da Funai (Fundação Nacional do Índio) de Boa Vista. Eu, parada ali, observava o atendente da instituição, displicentemente, cuidar da demanda que aquele indígena trazia até ele. Hoje eu sei que eu também atendia displicentemente, até aquele momento, ao chamado da minha ancestralidade.

O primeiro território Yanomami que visitei foi o Xitei, e para chegar lá, em meio à Floresta Amazônica, devemos fazer uma viagem de avião e descer numa pista improvisada aos arredores da missão, que é uma casa de apoio aos missionários e profissionais da saúde colética indígena, que fica próxima a esse povo.

No Xitei, o primeiro lugar que fui levada a conhecer foi a casa de um Tuchau Yanomami (xamã). Caminhamos com o Tuchau para uma grande maloca. Chovia muito no caminho, e folhas de bananeiras cortadas serviam-nos de abrigo. Na grande maloca seria realizado um Xapore (ritual de cura) de um homem doente. Vale ressaltar que eu também era um "homem doente", alheia às minhas dimensões, à minha ancestralidade. Nesse Xapore tive a experiência de estar integrada ao todo e ser o todo ao mesmo tempo, como uma expansão de consciência que me permitiu ver a extensão da diversidade da existência.

No mundo indígena, os xamãs são aqueles que têm a habilidade para transitar entre o mundo dos espíritos e dos vivos e não se perder. Não é uma questão hierárquica, mas uma divisão de trabalhos, onde todos são importantes para a existência do grupo, do coletivo.

A experiência de estar no mundo Yanomami trouxe, de maneira muito forte, a percepção da existência dos povos indígenas e a existência de uma outra noção de vida, que pertencia ao meu mundo psíquico profundo e ancestral, mas que eu desconhecia.

Esse encontro com a dimensão ancestral é o ponto inicial do destilamento que venho fazendo até os dias atuais. O início da noção de estar e ser conectada ao todo, ao coletivo.

Os povos

Eram 4 milhões de pessoas, aproximadamente, na época do contato com os portugueses, pertencentes a mais de 1.000 povos/nações indígenas diferentes no Brasil. Hoje temos por volta de 305 povos/nações, de acordo com dados do IBGE

(Instituto Brasileiro de Geografia e Estatística) de 2010, totalizando 896.917 pessoas (RICARDO & RICARDO, 2017: 17).

Das quase 1.200 línguas faladas por esses povos, hoje temos em torno de 270. É importante ressaltar que algumas dessas correm o risco de desaparecer por apenas possuírem um único falante. Em nosso processo de colonização proibiu-se falar as línguas dos povos indígenas; o Nheengatu, uma língua geral derivada do tronco tupi-guarani (falada até 1758), foi proibida pelo Marquês de Pombal a mando do Rei Dom José I.

Nesse caminho de investigação, vou descobrindo e constatando que a perspectiva pessoal de desconhecimento e negligência sobre a minha história está diretamente ligada ao mesmo movimento de desvalorização coletiva acerca de nossas ancestralidades indígenas e negras.

Em geral, rapidamente sabemos citar nossas origens europeias, mas não conhecemos nossas outras origens. Temos uma grande dificuldade em aceitar a nossa realidade indígena, o que limita em demasia o nosso processo de conscientização. Não raro, encontramos nos materiais pedagógicos infantis imagens indígenas caricaturadas e distantes da diversidade plural dos povos indígenas existentes no Brasil.

Vale ressaltar que a Lei 10.639, de 9 de janeiro de 2003, torna obrigatória, no ensino escolar, a temática "História e Cultura Afro-brasileira e Indígena", o que tem contribuído para uma nova perspectiva de noção da existência dessas dimensões em nós.

Segundo Roberto Gambini, como nação, temos uma dificuldade de identificação com a nossa mãe indígena, que foi usurpada e abandonada por nosso pai europeu. No entanto, nós ainda buscamos o reconhecimento desse pai distante e negamos essa mãe desvalorizada, recipiente da projeção da sombra dos colonizadores. Não temos orgulho da nossa origem indígena, mesmo sendo constituídos por essa pluralidade maior. Ainda colocamos nossos povos originários em locais de inexistência, sem território na alma. O reconhecimento da existência desses povos não é apenas importante para eles, mas é importante para nós, pois temos a oportunidade de conhecer e reconhecer novas noções de mundo.

É importante lembrarmos que nossa história começa antes de 1500, mas essa história dificilmente pode ser encontrada em nossos livros escolares. Nossa história parece existir a partir da chegada dos portugueses no território nacional, dito um descobrimento, mas entendido, hoje, como uma invasão que dizimou muitos povos que aqui habitavam.

Em 2019, o carnaval do Rio de Janeiro, um movimento popular coloca como campeã a Mangueira, que vem nos falar justamente sobre esse aspecto do nosso movimento cultural que elege, em sua maioria, brancos europeus como heróis nacionais, ficando no esquecimento as grandes personalidades negras e indígenas que também nos constituem. Para difundir e apreciar essa parte de nossa história, precisamos conhecê-la.

Infelizmente, o genocídio indígena ainda é um artigo obscuro em nossa história cultural e psíquica.

Nossos "heróis" bandeirantes invadiram um território já habitado para buscar as riquezas materiais e, desde o século XVI, o que temos feito de diferente desses homens dos quais também descendemos?

Voltando aos povos indígenas, nesse caminho de conhecê-los, vou percebendo que existem outras noções de estar e perceber o mundo que habitamos. Os povos indígenas têm um olhar muito diferente do nosso olhar capitalista; eles respei-

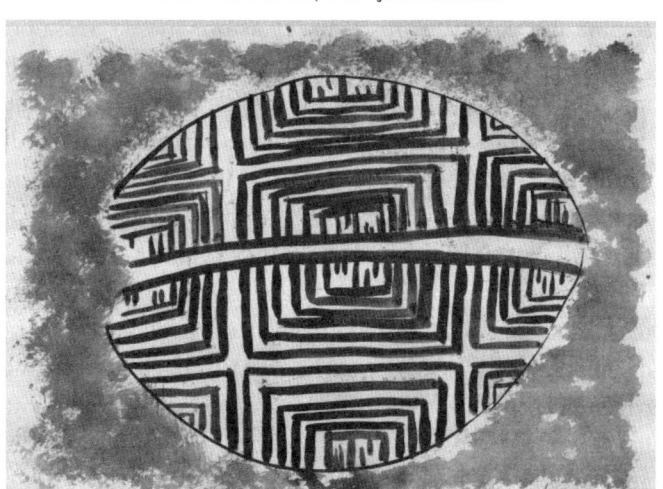

Casco de Jabuti, cabeça arrancada

Desenho Aquarela (CUNHA, A. 2018).

tam e cuidam da terra e do planeta de forma muito integrada, preservando-os. As novas lideranças indígenas (Davi Kopenawa, Ailto Krenak, Daniel Munduruku, Almires Martins, Eliane Potiguara e outros) têm buscado chamar a atenção para suas lutas e reivindicações de espaço físico, social, cultural etc.

Podemos ter uma ideia disso na seguinte colocação de Davi Kopenawa, em seu livro *A queda do céu*:

> Na floresta, a ecologia somos nós, os humanos. Mas são também, tanto quanto nós, os xapiri, os animais, as árvores, os rios, os peixes, o céu, a chuva, o vento e o sol! É tudo o que veio à existência na floresta, longe dos brancos; tudo que ainda não tem cerca. [...] Os brancos, que antigamente ignoravam essas coisas, estão agora começando a entender. É por isso que alguns deles inventam as

novas palavras para proteger a floresta (KOPENA-
WA & ALBERT, 2015: 480).

A relação do Povo Yanomami e dos demais povos indígenas com o todo parte de uma cosmologia diversa da nossa.

Perspectivismo

O conceito de Perspectivismo Ameríndio, de Eduardo Viveiros de Castro, antropólogo, pode nos ajudar a olhar para essa diferença. Esse conceito caracteriza o "jeito" indígena de conceber a realidade e abre o nosso olhar para outro modo de perceber o real.

Esse conceito se refere à concepção indígena segundo a qual o mundo é povoado de outros sujeitos, agentes ou pessoas, além dos seres humanos, que veem a realidade diferentemente dos seres humanos.

Há uma concepção indígena de que o modo como os seres humanos veem os animais e outras subjetividades que povoaram o universo – deuses, espíritos, mortos etc. – é profundamente diferente do modo como esses seres veem os humanos e a si mesmos (CASTRO, 2017: 303).

Eduardo Viveiros coloca que: "Vendo-nos como não humanos, é a si mesmo que os animais espíritos veem como humanos" (CASTRO, 2017: 304). Ao caminhar por esses novos conceitos e concepções, abre-se uma perspectiva para entender o mundo e o psiquismo de forma múltipla.

Território

Nesse movimento de acessar novos territórios de pensamento, gostaria de trazer os conceitos de Deleuze e Guattari sobre desterritorialização e reterritorialização.

> A noção de território é aqui entendida num sentido muito amplo, que ultrapassa o uso que fazem dele a etologia e a etnologia. Os seres existentes organizam-se segundo territórios que o delimitam e os articulam aos outros existentes e ao fluxo cósmico. O território pode ser relativo tanto a um espaço vivido quanto a um sistema percebido no seio do qual um sujeito se sente "em casa". O território é sinônimo de apropriação, de subjetivação fechada sobre si mesma. Ele é o conjunto de projetos e representações nos quais vai desembocar, pragmaticamente, toda uma série de comportamentos, de investimentos, nos tempos e nos espaços sociais, culturais, estéticos, cognitivos (GUATTARI & ROLNIK, 1986: 323, apud HAESBAERT & BRUCE, 2002: 6).

Continuando:

> O território pode se desterritorializar, isto é, abrir-se, engajar-se em linhas de fuga e até sair do seu curso e destruir-se. A espécie humana está mergulhada num imenso movimento de desterritorialização, no sentido de que os seus territórios "originais" se desfazem ininterruptamente com a divisão social do trabalho, com a ação dos deuses universais que ultrapassam os quadros da tribo e da etnia, com os sistemas maquímicos que a levam a atravessar cada vez mais rapidamente as estratificações materiais e mentais (GUATTARI & ROLNIK, 1986: 323, apud HAESBAERT & BRUCE, 2002: 8).

Esse conceito de desterritorialização implica a ideia de que "não há território sem um vetor de saída do território, e não há saída do território, ou seja, desterritorialização, sem, ao mesmo tempo, um esforço para se reterritorializar em outra parte" (Gilles Deleuze em entrevista-vídeo, apud HAESBAERT & BRUCE, 2002: 1). Logo, associo esse movimento a uma necessidade psicológica de movimentar-se em mundos e ideias do pensamento ameríndio, como uma reterritorialização intrínseca.

Já não habitamos mais as terras originais, nós nos movimentamos e retornamos à terra original, para novas construções e noções de como ser e estar no mundo contemporâneo.

Fronteira fluida

Semelhante a essas ideias dos pensadores e filósofos franceses, temos a ideia de Ailton Krenak sobre as fronteiras fluidas que, de acordo com o autor, estão o tempo todo em deslocamento. Ele diz:

> São fronteiras fluidas que demarcam ou sugerem limites entre mundos, que podiam ser bem identificados como mundos em guerra. Uma espécie de guerra na qual a primeira camada poderia ser percebida como a insistência em dar sentido de moderno ao que é arcaico. É um avanço de tudo que a gente imagina, ou é levado a pensar que é moderno sobre nossas raízes culturais, sobre a base da nossa identidade como povos. [...] Em algum momento disputando esse território, e principalmente do século XX para cá, ficamos com a ideia confortável que tínhamos um desenho estável do que chamamos Brasil. Isso foi uma ficção porque essas fronteiras nunca se estabilizam; estão em movimento, mesmo quando não estão em disputa (KRENAK, 2018: 1).

Krenak fala que os povos indígenas são os que mais têm sofrido nessa acomodação das fronteiras internas no nosso país. Temos, ainda, as fronteiras externas, as fronteiras econômicas, políticas etc. No Brasil, são 300 etnias, 300 povos vivendo conflitos de identidade, conflito de direitos; e na própria ideia de mundo desses povos todas essas fronteiras se articulam.

O autor coloca que podemos pensar na ideia de fronteira não só como conflito, mas como possibilidade de interpretação do mundo onde essas fronteiras interagem o tempo todo.

Temos fronteiras internas duras e bem marcadas, mas não para os povos indígenas que habitam o nosso território. Para esses as fronteiras são fluidas. Esses povos transfronteiriços, como os Yanomami, por exemplo, que atravessam as fronteiras de um lado para o outro, se casam, fazem roça dos dois lados, caçam, fazem suas incursões marcadas por uma agenda cultural, mas que não têm relação com a ideia de território nacional, de Brasil.

Ailton Krenak continua:

> Temos que pensar cada vez mais em instrumentos internacionais que asseguram a fluidez entre os povos, inclusive para a gente ir devagarinho mudando um padrão arcaico dos povos europeus que vieram colonizar a América com esse cacoete de delimitar fronteiras tão duras que não podemos transpô-las. Acho que isso é uma memória dos tempos dos castelos, das guerras, de povos acuados pela peste. Fronteira é uma coisa medieval. Se a gente está querendo um mundo de paz, temos que pensar um mundo onde as fronteiras não sejam bloqueios, já que provavelmente nunca vamos eliminá-las do nosso horizonte. Fronteiras que sejam mais indicações de transições, de gradientes na

paisagem que precisam e possam ser transpostas (KRENAK, 2018: 3).

Essa concepção de uma fronteira fluida, trazida por Krenak, nos faz pensar em como se daria, psicologicamente, esse estado do ser, onde acessaríamos as noções dos povos que nos precederam sem as fronteiras rígidas e duras do ego neurotizado, que nega assistência desse passado e busca desenfreadamente o ouro vulgar (alquimistas).

Estamos nos tornando comedores de terra, como diz Ailton Krenak. Temos um grande pulmão, no coração do nosso território nacional, que é a Floresta Amazônica, mas isso não está na alma, no coração de nossas preocupações cotidianas. Não é uma prioridade para a maioria de nós brancos, e nem bem sabemos quanto vamos preservar e/ou destruir desse imenso bioma existente em nosso território.

Pergunto: Por quê? E arrisco dizer, a partir da minha experiência subjetiva, que ainda nos percebemos como células individuais, imediatistas, sem condições de entender nossa dimensão coletiva, maior. Ainda nos vemos rígidos em nossas fronteiras egoicas. Podermos, então, pensar simbolicamente o funcionamento de nossas fronteiras internas e de que forma transitamos por ela.

A melhor maneira de diminuir conflitos é fazendo interação de fluxo, o que é muito diferente de fazer integração, segundo Ailton Krenak. Ele coloca que os povos indígenas conseguem fazer esse movimento de transitoriedade territorial, pois eles não têm o sentido de propriedade da terra, mas sim o de território, que deve ser preservado e coabitado. E complementa dizendo que é interessante pensar que 70% da população indígena é capaz de ter segurança alimentar autossustentada, não sendo reféns da indústria de alimentos.

Diferentemente da lógica de fronteiras fluidas de Ailton Krenak, nossa sociedade tem se deparado com uma dinâmica ascendente de muros, fronteiras intransponíveis e propriedades privadas, que têm plasmado nossas mentes contemporâneas. Um privado que, a curto prazo, parece ser a melhor escolha para a sobrevivência de alguns indivíduos, e a longo prazo tem se mostrado uma tragédia para o coletivo. Podemos ver esse impacto social em negligências que causaram os rompimentos das barreiras de Mariana e Brumadinho, o desequilíbrio da Barragem de Belo Monte e as enchentes que varreram as cidades do Rio de Janeiro e de São Paulo desenfreadamente, provocando inúmeras mortes. Estamos sendo diariamente afetados por nossas escolhas individualistas, e creio que ainda não tomamos consciência da dimensão de tudo o que estamos vivendo.

Foi através da transposição da fronteira com os Yanomami que se iniciou a busca do caminho simbólico para começar a desvelar o coletivo a que pertenço e tentar fluidificar as fronteiras egoicas individualistas em mim. Nessa busca pelo conhecimento vou pacificando o conflito opositório, pois através da percepção da multiplicidade que nos habita podemos encontrar o equilíbrio para ser.

Pacificando o branco

Na obra literária organizada por Bruce Albert e Alcida Rita Ramos, intitulada *Pacificando o branco – Cosmologias do contato no norte amazônico*, encontramos passagens interessantes sobre como a relação com os povos e os mitos indígenas nos trazem conhecimentos valorosos acerca de nossa existência. Esse livro traz um apanhado sobre o material etnográfico de 16 grupos indígenas, sendo um grupo do baixo Xingu e os demais ao norte do Rio Amazônico. Dentre os vários artigos encontrados no livro, falaremos resumidamente sobre dois deles, um ligado ao povo Desana e o outro ao povo Yanomami.

O primeiro artigo a ser tratado, intitulado "Contas de vidro, enfeites de branco e 'potes de malária'", traz uma perspectiva curiosa sobre como a malária é vista entre o povo Desana (ALBERT & RAMOS, 2002: 113). No artigo de Dominique Buchillet podemos destacar a seguinte colocação: "alguns pesquisadores não hesitam em afirmar que os europeus conseguiram conquistar as Américas não por sua supremacia militar, mas graças a uma 'guerra biológica' não premeditada" (ASHBURN, 1947; 1972; DOBYNS, 1983, apud ALBERT & RAMOS, 2002: 113), ou seja, uma devastação causada por doenças como a varíola, sarampo, gripe e malária. Levantaremos os aspectos das representações xamânicas da malária para o povo Desana (Tukano). Existem dois mitos que contam a origem da malária:

> [...] o primeiro mito, o Demiurgo ~Si, ferido na garganta por um dardo envenenado com curare, disparado pelo Criador que queria castigá-lo por ter destruído a humanidade ao provocar um dilúvio, vomitou, antes de morrer, a malária pelos quatro cantos do universo. Conforme o segundo mito, o xamã Gaye, também ferido por um dardo envenenado com curare, espatifou-se no chão. Seus ossos partidos foram lançados em todas as direções, também contaminando o mundo com malária (ALBERT & RAMOS, 2002: 126).

O mito nos traz a origem de uma doença que ameaça toda a humanidade, de indígenas a brancos. Todos. Dominique Buchillet coloca ainda que a alusão do estado de apatia e falta de vitalidade dos índios, retratado por cronistas e missionários, possivelmente está ligada aos sintomas da malária (ALBERT & RAMOS, 2002: 127).

Podemos associar essas passagens míticas do Demiurgo à *solucio* (alquímica), na qual acontece o desmembramento, fragmentação, levando ao estado de morte e criação de uma nova consciência; a consciência da existência de uma doença que pode atingir a todos, física e psicologicamente.

Continuando com a visão mítica da malária: "os Desana contam que as numerosas cachoeiras da região contêm 'potes de malária' (~diba~ktri sororo), que os seus xamãs aprenderam a fechar, mas podem abrir-se [...]" (ALBERT & RAMOS, 2002: 128).

Buchillet faz a seguinte citação:
> Essas febres palustres (malária) atacam nos períodos de enchente [...]. No verão os potes de malária ficam expostos ao sol que faz fermentar o seu conteúdo (paludismo). Na cheia, a chuva leva esses potes que podem se estragar, rachar, liberando, assim, o paludismo no rio. (Raimundo, Urucu, 1994, apud ALBERT & RAMOS, 2002: 128).

A concepção dos "potes de malária" faz com que esse povo tenha grande preocupação com a destruição dos rochedos das cachoeiras, causada por missionários e militares, provocando, assim, conflitos com o povo Desana. Eles atribuem a infestação de malária vivida pelo povo Yanomami à entrada de garimpeiros, por conta de suas explosões nos rios em busca de ouro, espalhando, assim, a malária pelas águas dos rios. Fazendo um paralelo simbólico com a *solucio*, temos nessa explosão a representação de uma atitude egoica de confronto com o natural, sem a devida escuta para as demandas do inconsciente representadas pela história mítica. Ainda não conseguimos abarcar a sabedoria ancestral dos povos indígenas, dos quais descendemos (EDINGER, 1995: 96).

Para os Desana, "todos os 'potes de malária' das cachoeiras estão ligados entre si por uma espécie de corda invisível, e basta que um se abra para que todos os outros façam o mesmo; o que, para eles, explica os surtos de febres" (ALBERT & RAMOS, 2002: 129). Foi através do relato desse povo, sobre sua observação das poças de água estagnadas nas depressões das pedras das cachoeiras durante o verão e a observação de que os mosquitos se proliferam nessas águas, que nos foi mostrado que eles têm conhecimento do papel do mosquito na transmissão da malária. No texto temos a seguinte fala desse povo:

> Quando os potes de malária são rachados ou abertos, os mosquitos que moram lá dentro escapam [...]. Eles invadem as nossas casas e propagam a malária picando um a um. Mas também podemos contaminar bebendo água do rio, respirando ou comendo frutas (Raimundo, Urucum, 1994, apud ALBERT & RAMOS, 2002: 129).

Os povos indígenas, através da tênue ligação com o ambiente que habitam, mostram-nos a profunda sabedoria adquirida no decorrer de suas existências. Tanto nos seus mitos quanto nas suas vivências, podemos extrair conhecimentos enriquecedores para nossa civilização. O conhecimento é pautado na vivência, e não na intelectualidade.

O segundo artigo a ser trabalhado será "O ouro canibal e a queda do céu", uma crítica xamânica da economia política da natureza (Yanomami). (ALBERT & RAMOS, 2002: 238).

O autor desse artigo, Bruce Albert, nos coloca que "A ocupação da Amazônia brasileira deu-se segundo uma série de ciclos baseados na exportação de produtos extrativos e na exploração feroz da mão de obra indígena" (ALBERT & RAMOS, 2002: 238), que apresenta consequências até os dias atuais. Temos, nessa região, graves conflitos que existem desde a época da ocupação e têm se acirrado nos últimos anos, entre povos indígenas e garimpeiros, pecuaristas e extrativistas. Essas tensões geram mortes, ocupações ilegais de território e um alastramento de doenças, como malária e contaminação por mercúrio, em todo o território Yanomami. Os povos indígenas lutam por seu direito de existir em suas terras, contra os interesses econômicos, profundamente capitalistas, que visam, acima de tudo, o lucro.

A invasão no território Yanomami se deu abruptamente em meados de 1980, com a entrada maciça de garimpeiros em busca de pedras preciosas e ouro, atingindo o coração do território desse povo, causando doenças e mortes. Eles denominaram os garimpeiros, "Urihi Wapopë", "os comedores de terra", "comedores de floresta" (ALBERT & RAMOS, 2002: 244).

O movimento Yanomami, com Davi Kopenawa, começa a tomar uma nova forma política em meados de 1970, quando ele inicia seu trabalho no posto da Funai no Demini, após a intervenção política do seu sogro, que o casa com sua filha e o torna xamã. Davi, então, estabelece uma nova forma política nessa região e, depois dele, nenhum outro chefe da Funai consegue mais controlar os Yanomami.

O discurso de Davi Kopenawa está alicerçado na expressão urihi noamãí-, que significa tanto "recusar-se" (a entregar) como "proteger" (noamãí-) "a terra, a floresta" (uhiri). Ele colocava isso em português em duas expressões: "demarcar a nossa terra indígena" (que já aconteceu) e "proteger a nossa floresta" (ainda em curso). A luta de Davi não é apenas para manter um espaço territorial indígena, mas para assegurar a preservação de toda uma cosmologia que constitui a existência cultural desse povo (Yanomami), e preservar a biodiversidade da Amazônia, altamente cobiçada por poderes estrangeiros.

Davi Kopenawa nos diz:
> Eu sou Yanomami, um filho de Omama que nos criou, faz muito tempo, quando os brancos não estavam aqui. Criou a nós e criou a floresta com os rios e o céu [...]. Antes, os ancestrais animais se metamorfoseavam sem parar [...]. O que eu sei são as palavras que ele deixou [...]. Omama criou nossa floresta, mas os brancos a maltratam, é por isso que queremos protegê-la. Se não fizermos isso, vamos desaparecer. É isso que eu penso. Eu cresci, tornei-me adulto e aprendi a língua dos brancos. É por isso que eu lhes falo, para defender a floresta e impedir que a gente desapareça (ALBERT & RAMOS, 2002: 248).

Ele coloca, ainda, que somos desprovidos de um "ver" xamânico da "imagem essencial" (utupë), do "sopro" (wixia) e do "princípio da fertilidade" (në rope), que realmente revelam a beleza e a importância da floresta. Estamos engolidos por um positivismo, por uma escrita materialista que nos distancia desse lugar de poder se integrar e dialogar com a natureza em si.

O diálogo xamã mitológico, nessa região, permite reconfigurações mitológicas muito criativas, feitas pelos xamãs, e essas vão se atualizando constantemente em função dos acontecimentos locais. Bruce Albert coloca que: "Longe de ser um *corpus* canônico, a mitologia desses grupos é um saber narrativo contra a entropia, com perpétuo tecer da legitimidade cosmológica do real" (OVERING, 1990, apud

ALBERT & RAMOS, 2002: 250). Na voz de líderes como Davi Kopenawa, essas narrativas querem nos comunicar a necessidade de mudar nossa avidez pela terra, a fim de escutar a voz dos "espíritos da floresta", que nos alerta para as epidemias provenientes dessa busca desenfreada pela matéria, visando o ouro, o ouro "Canibal", como nomeia Davi (KOPENAWA & ALBERT, 2015: 316). Um ouro que cega e mata indiscriminadamente.

Davi Kopenawa nos conta que o que nós brancos denominamos "minério" são as lascas do céu, da lua, do sol e das estrelas que caíram no primeiro tempo (KOPENAWA & ALBERT, 2015: 357). Em termos simbólicos temos a seguinte visão alquímica do mundo:

> Céu em cima
> Céu embaixo
> Estrelas em cima
> Estrelas embaixo
> Tudo o que está em cima
> Também está embaixo
> Percebe-o
> E rejubila-te (EDINGER, 1995: 23).

Para a alquimia, aquilo que acontece no céu é duplicado por aquilo que acontece na terra, e podemos tecer um paralelo com a mitologia Yanomami, quando essa nos conta que os metais são lascas do céu. Na alquimia temos ainda que "os planetas correspondem aos metais na Terra: Sol = ouro; Lua = prata; Mercúrio = mercúrio..." (EDINGER, 1995: 23), como as lascas do céu citadas por Davi Kopenawa.

Da mesma forma que a alquimia foi um campo de diálogo para com o universo do *Self*, o diálogo com a mitologia dos povos indígenas, que nos constituem, pode ser uma abertura para essa dimensão que precisamos cuidar.

Atentemo-nos à profecia proferida por Davi Kopenawa a seguir:

> Quando todos nós tivermos desaparecido, quando todos nós, xamãs, tivermos morrido, acho que o céu vai cair. É o que dizem nossos grandes xamãs. A floresta será destruída e o tempo ficará escuro. Se não houver mais xamãs para segurar o céu, ele não ficará no lugar. Os brancos são apenas engenhosos, eles ignoram o xamanismo, não são eles que poderão segurar o céu [...]. Não são só os Yanomami que morrerão, mas todos os brancos também. Ninguém escapará à queda do céu. Se morrerem os xamãs que o mantêm no lugar, ele cairá mesmo. É o que dizem nossos anciãos. Nossos grandes xamãs e nossos anciãos estão morrendo um após outro, e isso me desespera. Os brancos destroem nossa floresta e nossos anciãos morrem todos, pouco a pouco, de epidemia (ALBERT & RAMOS, 2002: 255).

Ao não considerarmos o importante bioma que é a Floresta Amazônica e não respeitarmos os povos que ali habitam e seu *modus vivendi*, possivelmente assinamos e outorgamos a profecia dos xamãs, nas palavras de Davi Kopenawa, de que morreremos todos juntos.

Em resumo, não devemos perder nossa capacidade de entender que, ao destruirmos o outro, destruímos a nós mesmos, pois somos o outro.

Considerações finais

A história que constitui cada um de nós constitui também o coletivo que somos e que estamos nos tornando. Olhar com atenção para as nossas origens e para o lado esquecido e negligenciado desse passado pode nos instrumentalizar e trazer ferramentas para construirmos um presente de interação e fluidez amorosa com a diversidade que temos, interna e externamente.

Pintura indígena de jenipapo, 2019

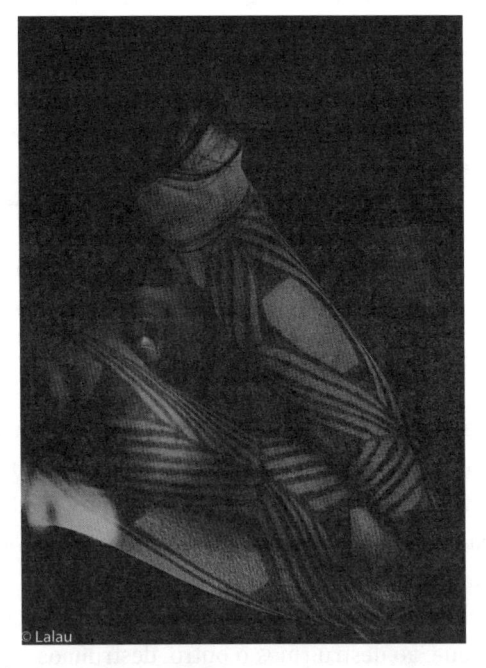

Foto: Stefan L Patay

> Vou buscar minhas origens,
> minha história.
> Puxo o fio dos ossos,
> Vejo meus antepassados,
> minha origem ancestral.

Dentro do vaso-corpo,
construo minha síntese.
A pupila como consciência;
O corpo como vaso;
A vida como campo de possibilidades (CUNHA, A., 2003, apud CÔRTES; ANDRAUS & SANTOS, 2012: 215).

Finalizando, com as palavras de Nikita Guarani Kaiowá:
Xee reiko – Eu existo.
Ndê reiko – Você existe.
Nhandê reiko – Nós existimos

Pintura indígena de jenipapo, 2019

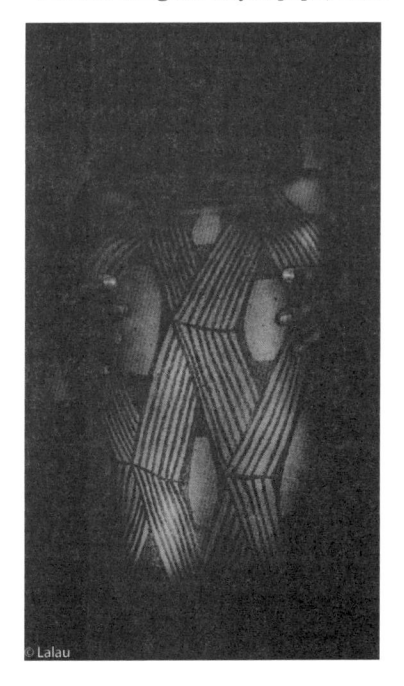

Fotos: Stefan L Patay

Podemos resumir Xee reiko como a origem; Ndê reiko como a origem do Outro, e Nhandê reiko como somos um todo e podemos conviver com nossas diferenças.

Referências

ALBERT, B. & RAMOS, A.R. (2002). *Pacificando o branco* – Cosmologias do contato no norte amazônico. São Paulo: Unesp.

CASTRO, E.V. (2017). *A inconstância da alma selvagem e outros ensaios de antropologia*. São Paulo: Ubu.

CÔRTES, G.; ANDRAUS, M.B.M. & SANTOS, I.F. (2012). *Rituais e linguagens da cena* – Trajetórias e pesquisas sobre corpo e ancestralidade. Curitiba: CRV.

EDINGER, E.F. (1995). *Anatomia da psique* – O simbolismo alquímico na psicoterapia. São Paulo: Cultrix.

HAESBAERT, R. & BRUCE, G. (2002). "A desterritorialização na obra de Deleuze e Guattari". In: *GEOgraphia* – Revista do Programa de Pós-Graduação em Geografia da Universidade Federal Fluminense. Rio de Janeiro: UFF, vol. 4, n. 7, 2002.

KAIOWÁ, N.G. (2017). *Comunicação oral* – Seminários de pesquisa em história indígena. Campinas: Faculdade de Educação/Unicamp, Disciplina ep813 [Professoras responsáveis: Profa. Alik Wunder e Profa. Jackeline Rodrigues Mendes].

KOPENAWA, D. & ALBERT, B. (2015) *A queda do céu* – Palavras de um xamã yanomami. São Paulo: Companhia das Letras.

KRENAK, A. *Muros*. Rio de Janeiro, 2018 [Entrevista concedida à *Entre* referente à exposição "Muros de Ar" do Pavilhão do Brasil na XVI Bienal de Arquitetura de Veneza em 2018, realizada pelos curadores Gabriel Kozlowski, Laura González Fierro, Marcelo Maia Rosa e Sol Camacho].

RICARDO, B. & RICARDO, F. (2017). *Povos indígenas no Brasil*: 2011-2016. São Paulo: Instituto Socioambiental.

4 A divinização do excluído
O caboclo na umbanda

José Jorge M. Zacharias

Algumas estimativas apontam que em 1500 cerca de oito milhões de pessoas designadas pelos descobridores como índios habitavam o território brasileiro; já em 1822, não passavam de três milhões e, no final do século XX estimava-se 300 mil.

Nesse tempo do descobrimento estes povos formavam grandes nações com língua, cultura, religião e mitos dos mais variados. Nessa época havia uma grande diversidade de índios Tupi-Guarani, que tiveram os primeiros contatos com os europeus e ocupavam boa parte do território brasileiro, principalmente no litoral. Dentre as mais conhecidas as tribos tupinambás, guaranis, apiacás, cintas-largas e gaviões (CALDEIRA et al., 1997).

Esses povos desenvolveram e transmitiam de modo oral e ritualístico os mitos cosmogônicos e da natureza, bem como as normas sociais. Com estrutura cultural complexa expressavam sua compreensão da criação, das divindades e ancestrais, de conhecimentos técnicos e farmacêuticos advindos das florestas e a forma equilibrada de organização social. Os rituais tribais seguiam os ciclos naturais, eram compostos de roupas e comidas rituais, danças e música, além de ritos de passagem específicos para cada faixa etária. A vida cotidiana não era desvinculada dos ciclos naturais e compunham com esta última um todo de compreensão do ambiente ao redor, o que poderemos chamar de *unus mundus*.

A chegada das caravelas trouxe uma tripulação abatida, cansada, doente e esfomeada, muito diferente do que se registra em pinturas sobre o tema. Os indígenas acolheram os navegantes dando-lhes alimento e cuidado, pois não os viam como intrusos, mas como mais um tipo de povo entre tantos existentes. Embora a nova terra americana não tivesse tantas riquezas quanto as Índias, pelo menos tinha uma árvore valiosa, o pau-cor-de-brasa, ou pau-brasil. Para extração da madeira se estabeleceu um sistema de escambo e casamentos poligâmicos entre portugueses e indígenas, a partir de agora chamados de negros da terra. Estes encontros forjaram assimilações de ambos os lados. Aspectos culturais e hábitos foram trocados entre indígenas e portugueses. Muitos elementos da cultura indígena foram absorvidos pelo europeu, como alimentos; e dos europeus os indígenas receberam instrumentos de trabalho.

Na Bahia os colonizadores associaram-se aos tupinambás para defesa de suas colônias, e no Sul fizeram o mesmo associando-se aos timiminós. A partir destas alianças passaram a utilizar os prisioneiros das guerras como escravos para a extração de madeira e posteriormente o plantio de cana de açúcar. "O estado de guerra contra índios ou estrangeiros, foi, desde o início da ocupação, uma situação permanente" (CALDEIRA et al., 1997: 32).

Curiosamente a terminação – eiro – refere-se àquele que produz ou cuida de algo, a exemplo de sapateiro, carpinteiro, vidraceiro, cozinheiro. Observa-se que o adjetivo que somos designados como nascidos no Brasil é brasileiro ou brasileira, o que refere-se àquele ou àquela que produz ou cuida do pau-brasil; o que é muito diferente do termo brasiliense ou brasiliano. Por esta raiz da linguagem, somos todos e todas ainda extratores de pau-brasil, uma questão simbólico-linguística interessante.

Com a ampliação econômica na colônia, passando de extrativista para a cultura da cana de açúcar, a necessidade de mão de obra tornou-se premente. De início os mandatários iniciaram a apreensão de índios de tribos inimigas, invadindo e capturando para o trabalho forçado na lavoura. "Tais massacres abriam novos territórios para exploração agrícola e proporcionavam mão de obra para gerar a riqueza açucareira" (CALDEIRA et al., 1997: 35). E isto vemos até os dias atuais. Vale lembrar a título de curiosidade que outras culturas foram introduzidas no Brasil, como a banana, o coco e o abacaxi.

Como os povos indígenas não se adequavam ao sistema de cultura da cana de açúcar e, muito menos, ao sistema de escravidão servil, os colonizadores trouxeram africanos adquiridos na África de seus proprietários, pois naquele continente o sistema de escravidão era bem-estabelecido culturalmente e o ser humano era moeda corrente para comércio com outros povos, especialmente os portugueses. Chegaram os primeiros escravos conhecidos como negros da Guiné. Dos povos africanos que aqui vieram destaca-se o grupo linguístico bantu, que inclui a Angola e o Congo, de onde vieram a maioria das pessoas chamadas congos, angolas, moçambiques, macuas, cambindas, monjolos dentre outros (CACCIATORE, 1977).

Estes povos trouxeram sua cultura e principalmente seus mitos e ritos tribais que, diferente dos europeus, localizava a presença de suas divindades na natureza, no vento, no raio e trovão, nos rios, mar, floresta e animais dentre outros elementos naturais. Por conta da semelhança do ecossistema brasileiro com o africano, foi relativamente fácil trazer e cultuar as divindades africanas no novo mundo. Assim os africanos puderam trazer seus deuses e sua raiz para o novo mundo, transplantando para a nova terra um ramo de sua cultura ancestral.

Uma distinção importante deve ser feita em termos de sistemas religiosos. Para as culturas tribais, como os indígenas e africanos, a divindade não habita em templos construídos, nem se manifesta exclusivamente neles; mas sua habitação é toda a natureza. Por outro lado, a tradição judaico-cristã identifica um local para habitação e manifestação da divindade, seja o antigo tabernáculo que acompanhou os hebreus no deserto sob a liderança de Moisés, seja o Templo de Salomão em Jerusalém, sejam as Basílicas e igrejas no mundo cristão.

Para os bantos e seu sistema religioso, o candomblé, era fundamental cultuar o dono da terra, a linhagem ancestral que habitava o local onde se estabelece o grupo que, na África, era o ancestral divinizado, ou *inquice*. No Brasil, uma terra estranha para o africano recém-chegado, foi identificado o ancestral dono da terra como sendo o índio, antigo e legítimo dono ancestral da nova terra. A partir disso tem início o culto a esta ancestralidade juntamente com os Orixás e *Inquices*, constituindo-se em um hibridismo.

> O caboclo é a entidade espiritual presente em todas as religiões afro-brasileiras, sejam elas organizadas em torno de orixás, voduns ou inquices. Pode não estar presente num ou noutro terreiro dedicado aos deuses africanos, mas isto é exceção. Seu culto perpassa as modalidades tradicionais

afro-brasileiras – candomblé, xangô, catimbó, tambor de mina, batuque e outras menos conhecidas –, constitui o cerne de um culto praticamente autônomo, o candomblé de caboclo, e define estruturalmente a forma mais recente e mais propagada de religião afro-brasileira, a umbanda (PRANDI, 2001: 120).

Desta maneira e por meio do hibridismo que se estabeleceu entre as culturas, o índio foi elevado à condição de *inquice*, divindade ancestral ligada à terra e cultuada nas cerimônias de candomblé de caboclo. Mesmo em muitos candomblés marcadamente africanizados, em alguns dias do ano se celebram os castiços, termo utilizado para se referir às entidades ancestrais não Orixás, no caso os caboclos, marinheiros, mestres e encantados dentre outros. Este conjunto de encantados abrange não só o que se chama de caboclo de pena (índio), mas também o caboclo de couro (mestiço), o boiadeiro, os marinheiros, os turcos, dentre outros. Aqui podemos perceber as raízes da divinização do excluído, o índio elevado à condição de ancestral e espírito protetor, justamente por um outro povo também expropriado de suas terras, escravizado e oprimido. Talvez a concretização de Pr 17,17: "Em todo tempo ama o amigo e na adversidade nasce o irmão".

Nos diz Cacciatore (1977) que muitas pessoas sentiam a necessidade de um contato maior com as divindades, uma vez que nos candomblés de Orixá não há diálogo entre a divindade e o consulente. Para suprir essa necessidade algumas iaôs fundaram as primeiras casas de santo com esse novo tipo de culto que mesclava o candomblé com a pajelança, o catolicismo popular e práticas indígenas. A grande diferença é que nessas casas os Orixás não se apresentam propriamente, mas enviam mensageiros e representantes, os antigos indígenas da terra para orientar e receitar em favor dos consulentes aflitos ou doentes. Essas entidades, pois, são espíritos iluminados, e não deuses como os Orixás; enfeitam-se com cocares e colares indígenas que são usados ao lado dos fios de conta tradicionais do candomblé.

Há candomblés angola e congo centenários na Bahia que têm esse tipo de ritual, como o Bate Folha e o Tumba Juçara. Já na década de 1930, relata a pesquisadora Ruth Landes (apud PRANDI, 2001) que os candomblés se diferenciavam entre candomblé africano (nagô) e candomblé de caboclo (associado a angola). A pesquisadora relata uma fala de Mãe Sabina, sacerdotisa cabocla, e aqui reproduzida.

> A senhora deve saber essas coisas. Este templo é protegido por Jesus e Oxalá e pertence ao Bom Jesus da Lapa. É uma casa de espíritos caboclos, os antigos índios brasileiros, e não vem dos africanos iorubás ou do Congo. Os antigos índios da mata mandaram os espíritos deles nos guiar, e alguns são espíritos de índios mortos há centenas de anos. Louvamos primeiro os deuses iorubás nas nossas festas porque não podemos deixá-los de lado; mas depois salvamos os caboclos porque foram os primeiros donos da terra em que vivemos. Foram os donos e, portanto, são agora nossos guias, vagando no ar e na terra. Eles nos protegem (LANDES, apud PRANDI, 2001: 122).

O candomblé de caboclo valoriza a cultura nacional com atabaques tocados com as mãos, e não varetas como no candomblé de nação ketu, o canto em português e a evocação à cultura indígena e católica popular. Observa-se aqui a composição propícia para o surgimento de um culto exclusivamente brasileiro, a umbanda.

A vida e estilo próprios dos povos indígenas constituíram o imaginário dos devotos, identificando-os com valores pessoais e históricos. Dentre as crenças dedicadas aos caboclos compreende-se que são profundos conhecedores das matas, o que lhes possibilita extrair dela remédios e ervas curativas para chás e banhos medicinais. Além disso, e até mais importante, é o atributo de guerreiro, valente, destemido e altruísta, um soldado do bem em nosso favor.

Em termos arquetípicos podemos observar a manifestação da figura do herói, combativo, guerreiro, altivo e corajoso que nos defende de todos os males. Uma possível amplificação com figuras míticas de Ares, Marte e mesmo com Hércules ou Thor. Estas amplificações ficam ainda mais evidentes quando se observa que os caboclos são mensageiros de Orixás como Ogum, Oxóssi ou Xangô, cuja aproximação simbólica com heróis e deuses gregos ou nórdicos é mais evidente.

O que possibilitou o sincretismo ou hibridismo entre os santos católicos e Orixás não foi uma estratégia cultural como afirmam os sociólogos, mas uma íntima associação das figuras com base no conteúdo simbólico que cada uma expressa. Se fosse somente uma estratégia para escapar à perseguição do senhor branco qualquer santo católico poderia ser sincretizado com qualquer Orixá; no entanto o que se observa é a identificação do atributo simbólico assimilado, por afinidade de potenciais arquetípicos identificados. Por exemplo, Santa Bárbara a católica protetora contra raios e tempestades não poderia se associar ao outro Orixá que não Iansã, a deusa dos ventos e tempestades, da mesma maneira Obaluaê, o médico ferido pela varíola com São Lázaro, ou Ibeji com Cosme e Damião e Oxalá a Nosso Senhor do Bonfim.

Todo este conjunto de símbolos e figuras míticas, associando o candomblé e seus Orixás, os caboclos e encantados com as práticas kardecistas, a iconografia e sincretismo católicos, as práticas da pajelança e do uso das ervas e fumaça com aspectos esotéricos desembocaram na criação de uma religião profundamente brasileira, a umbanda.

Em 15 de novembro de 1907 foi oficialmente fundado o primeiro terreiro de umbanda, chamado Tenda Espírita de Nossa Senhora da Piedade, em Niterói, RJ, por Zélio Fernandino de Moraes, expulso de um centro kardecista que frequentava após incorporar o Caboclo das Sete Encruzilhadas em uma das sessões. Este caboclo profetizou o surgimento de um novo segmento religioso que a partir daí muito se desenvolveu principalmente no sudeste e no sul do país. Podemos notar aqui a presença do caboclo como desbravador de novos caminhos, como um herói que vai à luta adentrando a mata das incertezas.

A umbanda, religião totalmente brasileira, ampliou elementos do candomblé de caboclo com o catolicismo popular, o kardecismo, que já havia chegado ao Brasil no século XIX, a pajelança, e incluiu aspectos esotéricos. Acrescentou a manifestação dos espíritos de velhos escravos, crianças, caboclas, ciganos aos caboclos, marinheiros, boiadeiros, orientais e exus já existentes. Apesar dessa multiplicidade de personagens, os caboclos e caboclas continuaram a ser as principais entidades-guia nas casas de umbanda. Vale notar que o panteão de entidades espirituais que compõe a umbanda são as pessoas pertencentes a grupos marginalizados na sociedade branca, produtiva e elitizada; são índios, negros, velhos, marinheiros, prostitutas, crianças, malandros, baianos e boiadeiros (ZACHARIAS, 1989; 2019).

Os nomes atribuídos aos caboclos dizem muito sobre sua condição mítica. Alguns nomes fazem menção à indumentária como caboclo Pena Verde, Pena Branca, Pena Vermelha, Sete Flechas, Pena Roxa; lembrando que há um conteúdo profundamente simbólico nas cores e números. Outros fazem referência a aspectos da natureza como caboclo Pedra Roxa, Pedra Preta, Pedra Branca, Lua, Sete Folhas, Sete Ondas, das Matas, da Floresta, Treme Terra, Laje Grande, Rompe Mato, Sol, Estrela, Serra Negra, Gira Mundo. Outros ainda apresentam nomes tradicionais indígenas como cabocla Indaiá, Urubatão, Yonuaruê, Itapuarê, Guarani, Tupinambá, Tupi, Iara, Jurema, Jandaia, Jandira ou Jupira.

Dentre muitos nomes um se destaca, principalmente nos terreiros do Rio Grande do Sul, o guarani Sepé Tiaraju. Afirma o pesquisador Werá Tupã que seu nome original era Djekupé A Dju e foi um grande líder nas lutas dos Sete Povos das Missões, participando da Guerra Guaranítica entre 1753 e 1756. Quando do tratado entre espanhóis e portugueses para a divisão das terras entre Brasil e Uruguai, Sepé falou a frase que o define: "Esta terra tem dono!" Ele liderou a resistência indígena contra os espanhóis e portugueses que, como nos dias atuais, queriam as terras indígenas para a lavoura e gado. Foi morto aos 7 de fevereiro de 1756, sua última batalha. Após sua morte, 1.500 indígenas foram mortos (cf. *A nova democracia* – doc. eletrônico).

Quando de sua morte, conta-se que foi visto um guerreiro cavalgando um cavalo de fogo, envolto por uma luz azul se elevando ao céu; era Sepé indo ao encontro de Tupã! Morria o grande guerreiro guarani e nascia o santo, partícipe das antigas tradições dos pajés e do cristianismo jesuítico no imaginário do povo, São Sepé (cf. *Caboclos e ancestralidade indígena* – doc. eletrônico).

Na umbanda e batuques temos a presença do Cacique Sepé Tiaraju como chefe de falange e seus caboclos que baixam nos terreiros são chamados de Caboclo Sepé, sempre na vibração de Oxóssi, orixá africano caçador muito identificado com os povos indígenas por similaridade simbólica representada especialmente pelo arco e flecha. Reafirma-se a figura mítica do índio ou caboclo de pena como guerreiro, inserido na simbologia arquetípica do herói.

Essas religiões mestiças do Brasil, aliás como todas, utilizam-se da música em cânticos, seja em yorubá ou português, que podem incluir termos tupi-guarani. A umbanda chama essas canções de pontos cantados, em diferenciação ao ponto riscado, que são desenhos simbólicos riscados geralmente no chão durante o ritual, como se fosse a assinatura simbólica da entidade que o riscou. A letra destes pontos cantados falam da entidade a que se referem e fornecem informações sobre o conjunto mítico que o cercam.

O ponto do Caboclo Sepé diz: "Sepé, Sepé, índio guerreiro, líder de fé! Tua voz ainda ressoa forte e vibrante em nossos corações! Esta terra tem dono, somos os sete povos das Missões! Arreia, arreia valentes guerreiros, povo nobre e varonil! Das margens do Vacacaí, do Sepé são mensageiros. Traz bênção e força do povo Guarani!" (cf. *Caboclos e ancestralidade indígena* – doc. eletrônico). Neste ponto cantado está expressa toda a função mítica do Cacique Sepé Tiaraju, a imagem simbólica do herói libertador, que deu a vida por seu povo.

O bravo guerreiro guarani passou para o imaginário simbólico cultural como São Sepé no catolicismo popular rio-grandense e o Cacique Sepé na umbanda ou batuque.

Outro ponto cantado, agora do Caboclo Itanhanguera: "Na mata ou em demanda, ele luta e não medra! É forte no arco e flecha, seu brado racha a pedra!" Ou ainda do Caboclo

Piraí: "Seu Piraí é um caboclo cismado, com sua flecha na mão e seu botoque de lado. Na mata virgem um sabiá cantou, ele atirou numa coral que piou!" Ou ainda a força desbravadora do herói no ponto cantado do caboclo Rompe Mato: "Foi numa tarde serena, lá nas matas da Jurema, ouvi um caboclo bradar. Bradou, kiô, kiô, kiô, kierá. Sua mata está em festa. Chegou seu Rompe Mato, ele é rei da floresta" (*3.333 pontos riscados e cantados*, 2006).

Vemos nestas letras a presença da força e heroísmo atribuídos ao caboclo. Ainda hoje estes indígenas míticos veem nos terreiros salvar as gentes simples dos males que as afligem; muitas vezes representam os únicos médicos e terapeutas a que essas pessoas têm acesso.

Em muitos terreiros de umbanda e candomblé de caboclo esses povos indígenas tradicionais donos dessa terra que foram expropriados de seu chão, vilipendiados em suas liberdades, envolvidos nos interesses econômicos dos colonizadores e depois traídos e descartados como negros da terra, sem direito a questionamentos, leis e dignidade retornaram num processo compensatório da psique coletiva da alma brasileira, como seres divinizados.

Essas entidades indígenas, resgatadas pelos contrapesos compensatórios da psique coletiva, de suas condições de exploração em guias e médicos, de perseguidos e escravizados em combativos espíritos protetores, hoje oferecem auxílio e apoio a muitos que sofrem e buscam alívio.

A divinização do excluído se coloca como mecanismo compensatório da alma brasileira, povos indígenas antigos perseguidos pelos colonizadores se tornam médicos de pobres e protetores de oprimidos. Quando o imanente não oferece suporte, o transcendente se torna a única esperança.

Ainda hoje presenciamos o desrespeito aos povos indígenas, a suas aldeias, a suas terras, a suas tradições e a seus mitos. Embora todos os esforços espontâneos que brotam da psique coletiva para a valorização e integração dessa cultura em nossa sociedade, ainda estamos longe da integração de nossas partes dissociadas.

Ainda muito trabalho precisa ser feito, muito ebó precisa ser despachado!

Referências

3.333 pontos riscados e cantados (2006). Rio de Janeiro: Pallas.

A nova democracia [Disponível em https://anovademocracia.com.br/no-40/1515-guaranis-desmentem-livros-e-revelam-nova-historia – Acesso em 10/10/2019].

Caboclos e ancestralidade indígena [Disponível em http://caboclosnaumbanda.blogspot.com/2010/12/sepe-tiaraju-heroi-e-santo.html – Acesso em 10/10/2019].

CACCIATORE, O.G. (1977). *Dicionário de Cultos Afro-brasileiros*. Rio de Janeiro: Forense Universitária.

CALDEIRA, J.; CARVALHO, F.; MARCONDES, C. & PAULA, S.G. (1997). *Viagem pela história do Brasil*. São Paulo: Cia das Letras.

NEGRÃO, L.N. (1996). *Entre a cruz e a encruzilhada*. São Paulo: Edusp.

PRANDI, R. (org.) (2001). *Encantaria brasileira*. Rio de Janeiro: Pallas.

ZACHARIAS, J.J.M. (2019). *Exu, meu compadre*. São Paulo: Sattva.

_____ (1989). *Ori axé, a dimensão arquetípica dos orixás*. São Paulo: Vetor.

5 Alquimia da floresta
Uma história vivida

Sílvia Renata Medina da Rocha

O povo indígena *Huni Kuin*, que significa "gente verdadeira", como eles se autodenominam, vivem na Floresta Amazônica desde o Peru até o Acre. Mais conhecidos pelos antropólogos como *Kaxinawá* (povo morcego), falam a língua *Hatxa Kuin*, da família linguística *Pano*. Segundo conversa com *Ninawa Huni Kuin*, presidente da Fephac (Federação Huni Kuin), a população atual é de aproximadamente 15.000 indivíduos do lado do Brasil, no Acre, e 3.500 no Peru, constituindo o povo nativo mais numeroso do Estado do Acre. São 104 aldeias ao longo dos rios Purus, Juruá, Envira, Muru, Humaitá, Tarauacá, Jordão e Breu.

Em 1898, após os primeiros contatos com o povo da cidade, começou o massacre dizimando parte do povo e escravizando outra parte. Tempo mais conhecido por eles como "correria". Sobreviveram e hoje conseguiram superar há muito a dominação e são organizados internamente através de lideranças políticas, professores bilingues, agentes de saúde, agentes agroflorestais, pajés, parteiras, mestras e artistas. Possuem uma associação que se preocupa em desenvolver a comunidade e estabelecer uma parceria com a cidade.

Tive a grande oportunidade de vivenciar de perto e com intensidade os rituais, a pajelança e cultura desse povo, na cidade e nas aldeias na Floresta Amazônica, o que me engrandeceu a alma e permitiu um trânsito mais seguro dos indígenas na cidade. Na época, período de 2005 a 2012, hospedei alguns indígenas em minha casa no Rio de Janeiro, assim como fui muito bem-recebida nas aldeias. Até hoje frequento os rituais, que são organizados pelos guardiões *Huni Kuin* na Aldeia Akasha, no Vale do Cuiabá em Itaipava, Petrópolis.

Ao adentrar os caminhos da floresta, contactei um rico manancial de símbolos, mitos e rituais. E, principalmente um modo de vida em comunhão com a natureza e a alma. Entrar nos mistérios da floresta é entrar em nosso território não desvendado de nossa *psique*. É também um reconhecimento da identidade brasileira e do complexo cultural de nosso povo.

A análise do Mito da Jiboia, sob o olhar da psicologia junguiana, conta a história do guerreiro *Yube*, o caçador em sua jornada no mundo da jiboia.

> A serpente simboliza o *númen* do ato da transformação, como acontece especialmente na alquimia. Como habitante ctônica das cavernas, ela vive no seio da mãe terra, assim como a *kundalini* tântrica habita a cavidade abdominal (JUNG, 2007: 419).

Quando pisei pela primeira vez na Aldeia São Joaquim, no ano de 2006, primeira aldeia do Rio Jordão, no Acre, uma grande emoção me invadiu, e me dei conta, à medida que o Pajé Agostinho Muru e seus filhos me apresentavam seus costumes, de quão rica era aquela nação, com tantos simbolismos, artes e sabedoria. Constatei que a forma de viver em harmonia com a natureza, de uma forma gentil e amável com a própria vida e a riqueza e a humildade do que é viver na alma traziam uma imensa qualidade de vida. O viver em comunidade e a alegria expressa também representou bem essa comunhão, o que só pode resultar em saúde física e mental.

O conhecer a cultura de um povo nativo brasileiro que vive integrado na natureza, convive com seus mistérios e possui uma forma própria de subsistência, alimentação, organização da comunidade, rituais, festas e pajelança (cura xamânica) fez-me refletir sobre a cultura da cidade. Como podemos viver bem, isolados e desconfiados uns dos outros, comendo alimento envenenado e respirando poluição, se existe uma forma muito mais saudável de viver? O lixo zero na floresta também me tocou bastante e me fez pensar quem seriam os selvagens.

Os indígenas têm muito a nos ensinar sobre o sentido da vida e sua preservação, como a calmaria do ritmo natural e a risada espontânea diante dos desafios em comparação com o corre-corre estressante da cidade.

De *Nawa* (estrangeiro na língua Hatxa Kuin) passei a ser chamada de *Txai* (metade de mim). Eu me tornei um deles e ganhei um nome indígena: *Ayani*, que significa "pássaro encantado". À medida que ia subindo o rio contracorrente, de canoa motorizada, conhecendo as aldeias, a cidade ia ficando para trás, meus conceitos de vida urbana deram lugar para os desafios e encantamentos de viver da e na natureza. Outro ritmo, novas aprendizagens e descobertas.

Dentre as várias conversas que tive, perguntei ao Pajé Agostinho sobre o que achavam da vida em outros planetas, uma curiosidade que me acompanha desde a infância. E ele me respondeu: "O que está fora, está dentro". Surpresa diante dessa revelação alquímica, que imediatamente me remeteu ao segundo princípio da filosofia hermética, o princípio da correspondência: "o que está em cima é como o que está embaixo", segundo a Tábua de Esmeralda de Hermes Trimegisto. Perguntei se ele já havia lido algum livro sobre psicologia ou alquimia, e ele me respondeu que o único livro de pajelança dos *Nawas* que havia lido fora a Bíblia e que ele gostava muito de Jesus.

Presenciei um batismo nativo realizado por pajé na cidade e batismo cristão na aldeia, realizado por um padre católico. Uma jiboia entalhada na madeira e a imagem de Jesus convivendo juntos num altar, numa *Kupixawa* (casa indígena), fez-me crer que uma integração de culturas é possível, sem dominação, mas respeitosamente.

Já havia participado do ritual do *Nixi Pae* na cidade, conduzida por Fabiano *Txanabane* e seus irmãos José *Bane Huni Kuin* (Pajé Bane) e Leopardo *Yawabane Huni Kuin*, mas ter participado da cerimônia com os pajés mais velhos no meio da floresta foi muito intenso. Nesse ritual mergulhamos no inconsciente ingerindo o chá *Huni Pae* e somos guiados pelos cantos sagrados *Huni Meka*, onde temos fortes experiências de transformação e cura.

Certa vez uma moça da cidade perguntou a Leopardo *Huni Kuin* como era o ritual, pois ela tinha medo de participar. E ele a respondeu indagando se ela tinha medo do que tinha dentro dela, pois no ritual ela ia ver seu mundo interior.

Após separar-se de Freud, devido as suas discordâncias principalmente sobre o conceito de libido, energia vital, C.G. Jung fez seu próprio mergulho no inconsciente. Para Freud, a libido é uma energia puramente sexual, de onde se conclui que toda relação do indivíduo com o mundo seria erótica. Para Jung, a libido é a energia psíquica e muito se aproxima da concepção de Schopenhauer, a libido como vontade. Jung percebia que em muitos casos a sexualidade ocupava um lugar secundário e a espiritualidade é que era o foco.

Jung se dedicou nos últimos anos de sua vida a questões espirituais e à alquimia. Cientista, conseguiu tratar dos assuntos mais sutis da alma humana de uma forma experimental com todo rigor metodológico científico, tornando sua obra original, criativa e séria.

Além de ter sido a precursora da química, a alquimia também transmitia conceitos filosóficos através de metáforas e foi considerada um movimento religioso. Segundo Boechat,

> é o aspecto "filosófico" da "arte sagrada" que mais chamou a atenção de Jung e abriu caminho para sua hipótese fundamental em relação à Alquimia: o *"Opus"* refletiria processos mentais inconscientes, o processo de Individuação operando a partir do inconsciente do alquimista se projetaria na matéria, um processo facilitado pelo total desconhecimento do mundo material do mundo antigo. O mistério do inconsciente fundiria assim ao mistério da própria matéria (BOECHAT, 2007).

Chamo aqui de alquimia da floresta a uma experiência de cura e expansão da consciência que me trouxe uma profunda reconexão comigo mesma. Quando olhei para a floresta, no meio do ritual, ela me trouxe mensagens que eu precisava no momento, assim como os pajés falam com as ervas para saberem quais curam determinadas doenças.

Os indígenas são os maiores protetores da natureza porque para eles não existe essa separação, e sim um mundo unificado. Aqui cabe o conceito de *unus mundus*, que para C.G. Jung é a noção de que não existe nada além da psiquê, tudo é psíquico. E tudo o que ocorre de evento em nossa vida torna-se uma produção do nosso *Self*.

A *psique* passa a ser objetiva, pois antes era considerada subjetiva, como um *Huni Kuin* que consegue prever a chegada de um parente pelo simples arfar de uma brisa. Ouvi cantos que trazem a chuva ou abrem o céu, afastando as nuvens; testemunhei esses eventos nas aldeias ao longo do Rio Jordão, como um espetáculo dos pajés e de sua cultura de integração com a Totalidade.

Toda rotina da floresta é realizada de forma sagrada; para colher o algodão, as mulheres cantam para "os donos" do algodão, seu espírito; para fiá-lo, cantam para a aranha; para tingi-lo, cantam para o jenipapo e o urucum; para comer, agradecem com a dança da fartura e da colheita.

Esse conceito vivenciado nas aldeias e não somente intelectualizado me fez ver a importância de propagar essa cultura, que é nossa, que é da floresta, que é do Brasil. Nós não conhecemos o Brasil; nós não nos conhecemos. E por isso nos deixamos dominar, colonizar, até hoje, porque não sabemos a força que temos. Não conhecemos os mistérios e a sabedoria que vêm da floresta e que sustenta a vida na Terra.

Quando voltei da floresta comecei a formar um grupo de pessoas na cidade, junto com Fabiano Txanabane Huni Kuin, que eram assíduas nos rituais e que estavam interessadas nesse intercâmbio cultural, a aprender os cantos e a proteger a cultura indígena – o grupo dos guardiões *Huni Kuin*. Hoje esse grupo passa de 60 pessoas no Brasil e outros tantos mais na Europa. Como disse Txanabane: "É preciso conhecer para amar e proteger".

O mundo ocidental contemporâneo está imerso na razão, no logos. Há muito deixou para trás o pensamento subjetivo, emocional, mitológico. O que temos como consequência deste enfoque é um progresso material e tecnológico surpreendente, mas com detrimento de sentido para a vida, o valor espiritual decaído e uma desconexão do ser humano com a natureza circundante e com sua própria natureza.

Esse afastamento ecológico hoje se volta contra a própria humanidade; a natureza responde e se mostra tão inteligível como organismo vivo, que podemos apostar que é um deus ou deusa repreendendo seus filhos.

A dialética natureza-cultura sempre fora um dos maiores desafios da humanidade. E temos percebido que a cultura ganhou uma força maior do que a natureza, nos últimos tempos, trazendo o desequilíbrio e a descompensação. Mas nem sempre foi assim; o ser humano das sociedades tribais e os que restaram ainda hoje convivem harmonicamente com a natureza e se aproximam da cidade, sem no entanto perderem suas raízes e cultura.

Embora subjugados pela sociedade ocidental urbana, alguns povos nativos como os *Huni Kuin* não deixaram de ter seus costumes e continuaram contando seus mitos e rituais e a viverem de maneira sustentável na natureza. Hoje muitos deles vão à cidade no intuito de terem visibilidade para protegerem seu povo e a natureza. Eles estão por perto e têm muito a nos ensinar.

> Hoje temos que reaprender o antigo acordo com a sabedoria da natureza e retomar a consciência de nossa fraternidade com os animais, a água e o mar (CAMPBELL, 2007: 33).

A primazia da razão e sua visão utilitarista que quer dominar e tirar partido das coisas explorando o mundo natural nos levou a resultados alarmantes. Se olharmos para uma floresta como se ela fosse um mero objeto e matéria-prima para fabricar bens para consumo, é possível que em pouco tempo não haja mais floresta. Se olho e capto o ser da floresta, a energia, a vida que existe nela, minha atitude perante a floresta será de respeito à vida.

> [...] o mito ajuda o homem a ultrapassar os seus próprios limites e condicionamentos, e incita-o a elevar-se para onde estão os maiores (ELIADE, 1963: 130).

Este olhar mitológico nos devolve a vida anímica, os símbolos contidos nos mitos trazem a energia que flui dentro e fora de cada um. O casamento de ambos modelos mentais de razão e emoção, de logos e mitos nos faz aproximarmos mais da totalidade e consequentemente da saúde psíquica que resulta da união das polaridades.

> Nossa alienação moderna em relação ao mito não tem precedentes. No mundo pré-moderno a mitologia era indispensável. Ela ajudava as pessoas a encontrarem sentido em suas vidas, além de revelarem regiões da mente humana que de outro modo permaneceriam inacessíveis. Era uma forma inicial de psicologia. As histórias de deuses e heróis que descem às profundezas da terra lutando contra monstros e atravessando labirintos trouxeram à luz os mecanismos misteriosos da psique, mostrando às pessoas como lidar com suas crises íntimas (ARMSTRONG, 2005: 15).

É da ausência do mito que padecemos, do olhar poético que fala à alma, que nos lembra da transcendência, que inclui valores às condutas dos seres. É por isso que nosso objeto de estudo é um mito brasileiro de um povo da floresta amazônica, a floresta maior do planeta.

> Nossa civilização moderna começou com uma espécie de esquizofrenia cultural. Nossa pesquisa científica efetivamente desvinculou-se, no início do período moderno, de nossas tradições humanistas-espirituais. Por boas razões sem dúvida,

mas hoje a neurose se espalhou por diversos continentes. Emaranhados na mais terrificante patologia da história da humanidade, talvez possamos nos atrever a perguntar se foi realmente boa essa ideia, essa fragmentação do universo (SWIMME, 1990).

Segundo *Swimme*, a rigidez de uma mente objetiva apenas captura o universo de forma superficial; é preciso sensibilidade para reagir, por exemplo, à presença da lua. Para desenvolver essa sensibilidade é preciso ouvir e sentir. Quando entrar numa floresta, sinta a sua presença e magnitude, e você nunca sairá dela; ao contrário, irradiará floresta aonde quer que você vá. E vamos ao mito.

Mito da Jiboia, por Isaías Sales Ibã Kaxinawá:

> Um dia um índio foi caçar dentro da floresta; no caminho, na beira do lago encontrou um pé de jenipapo. As frutas dão fartura e comida aos bichos da mata.
> Ele parou de caminhar, tinha muito rastro de anta e veado. Pensou, e fez uma tocaia para poder esperar a anta e o veado. Fez uma casa pequena de palha de jarina bem fechada. Entrou na tocaia e ficou esperando os animais. Nada de chegar o veado (*txashu*) e a anta (awa). Ficou aperreado, sentiu sono e dormiu dentro de sua tocaia. De repente ouviu um barulho, levantou-se para ver o que era. Viu uma anta procurando jenipapo. Pegou três frutas de jenipapo e foi descendo devagarzinho na beira do lago.
> O homem da tocaia começou a prestar atenção no segredo da anta, o que ela estava fazendo. A anta ficou na beira do lago e jogou as frutas de jenipapo para baixo, para cima e no meio. A *awa* ficou

esperando e logo começou a sair muita espuma no meio do lago; no meio da espuma ela boiou: era uma mulher clara de cabelos compridos e lisos, magra e bonita. Era uma mulher jiboia que vinha atrás da anta. Ela subiu para a terra, abraçou e beijou a *awa*. A *awa* transou com a mulher jiboia. O homem da tocaia viu o segredo da *awa*, e somente observando apaixonou-se pela mulher encantada. A *awa* terminou de fazer amor com ela e combinou para se encontrarem na outra semana. O homem dentro da tocaia ouviu a conversa dos dois. A *awa* foi embora e a mulher sumiu para dentro do lago. O homem pensou.

Saiu de dentro da tocaia fazendo do mesmo jeito que a *awa* fez: pegou três frutas de jenipapo, jogou do jeito que ele viu. Demorou pouco tempo e começou a sair espuma, saiu do mesmo jeito, a mulher muito bonita.

Ela chegou à beira do rio e procurou o homem que a chamou.

– Onde você está escondido? Saia logo.

O homem da tocaia fez isso, ficou escondido e respondeu:

– Eu estou aqui esperando você.

Ela subiu para a terra e encontrou o homem sentado. Ela chegou perto dele e perguntou:

– Quem me chamou?

O homem respondeu:

– Fui eu. Estou chamando porque estava caçando, encontrei jenipapo na beira do meu caminho, vi anta e veado comendo muitas frutas de jenipapo. Fiz tocaia para ficar esperando veado e anta. A anta chegou e fez mágica no lago. Saiu uma mulher muito linda, eles tiveram relação, vi de dentro

da minha tocaia. Quando foram embora, a anta e a mulher, fiquei apaixonado pela mulher. Fiz a mesma coisa que a anta fez.
O homem falou assim com ela. Ela achou graça e respondeu pra ele:
— Eu sou mulher, mas não sou daqui, eu moro muito longe. Faz tempo que tu estás aqui?
Ele respondeu:
— Faz horas. E eu vi tudo como a anta fez com a mulher.
A mulher perguntou:
— Tu tens mulher?
O homem respondeu:
— Eu tenho. E você tem marido?
Ela falou:
— Somente tenho namorado.
— Então vamos txuta?
Ela aceitou. O homem txutou. Ela gostou muito de fazer amor. Depois disso a mulher não quis mais deixá-lo. Ela o convidou pra morarem juntos. O homem aceitou.
A mulher pegou remédio, botou remédio no olho do índio, já encantado com ela. Ele foi com ela para terra da jiboia debaixo da água, para outro mundo, virou encanto de jiboia.
Chegou a sua casa, entrou no quarto e ficou dentro do seu quarto.
Ela falou assim pra ele:
— Eu vou avisar para o meu pai e a minha mãe.
Foi e avisou assim:
— Eu já consegui marido.
Os parentes dela gostaram dele. Ele morou com ela 12 anos, fez três filhos jiboias, dois homens e uma mulher.

Um dia a mulher jiboia começou a preparar o cipó para tomar com o seu povo.
Quando estava tirando muito cipó e fazendo o preparo, o marido chegou, e perguntou:
– O que é isto?
A mulher dele explicou:
– Esse é cipó Huni Pae. Estou fazendo chá para beber e ver coisa bonita. Ele ficou animado e disse:
– Então eu vou tomar também.
A mulher disse que não podia beber.
– Você é uma pessoa nova que está conhecendo agora, então você não pode tomar com a gente.
O homem teimou e tomou o cipó preparado. A mulher, o sogro e a sogra tomaram e veio a miração muito forte, apresentando muita luz forte.
O homem não aguentou; quando a mulher começou a cantar, a sogra e o sogro estavam cantando também. Ele começou a gritar, pensando que não retornaria mais, estava vendo na miração que seu sogro o estava engolindo, ele se viu dentro da jiboia.
Quando a pressão foi embora o homem parou de gritar, mas quando estava gritando contou sobre sua vida. E quando estava dentro da jiboia descobriu que a mulher dele era uma jiboia. Até então ele não sabia que estava encantado.
Todos da família da mulher ficaram desconfiados, não estavam mais gostando dele. O índio ficou todo triste e desconfiado, fechou-se com ele mesmo. Ficou pensando que estava perdido morando muito longe de sua família antiga. Não tinha nenhuma ideia para voltar pra sua família.
Até que um dia chegou uma mulher bem morena.
O homem estava sentado lá fora pensando, a mulher passou perto dele e falou:

– O que você está pensando, homem?
O homem respondeu:
– A minha mulher não quer mais morar comigo.
A mulher respondeu:
– Tá muito fácil. Meu nome é Ixke, moro perto da sua família, que você deixou. Está vendo o meu cabelo todo assanhado? É por causa de você, que deixou sua família. Estão todos passando mal, eles queriam me pegar e puxaram o meu cabelo. Melhor tu ires embora, não deves morar mais aqui, a tua mulher jiboia está aprontando para te matar.
O índio falou com Ixke:
– Como posso voltar?
– É muito fácil. É assim: vai pegando o igarapé, subindo até a cabeceira, e lá vai encontrar raiz de paxiúba, onde está pingando água. Tu sais, vais embora – Ixke explicou para ele.
No outro dia o índio foi caçar, falou assim para a mulher:
– Eu vou caçar e volto aqui.
Ele saiu bem cedinho, pegou o igarapé, foi subindo até encontrar Ixke e encontrou a raiz de paxiúba, boiou perto da sua casa deste lado do mundo. Encontrou um parente dele, ficou na casa do cunhado antigo. Contou a sua história com a mulher jiboia. O homem passou um tempo morando com seu cunhado.
Os três filhos que teve com a mulher jiboia estavam muito preocupados procurando o pai.
Deste lado do mundo, ele foi caçar de novo na beira do igarapé, então encontrou o seu filho mais novo. O filho jiboia, vendo que encontrou o pai dele, chamou o outro irmão, a irmã e a mãe.
O filho que encontrou o pai, logo engoliu o dedo do pé, o filho jiboia gritou assim:

– Siri siri siri.
Veio o outro filho mais velho e engoliu até a coxa.
Veio o outro filho mais novo e engoliu até a cintura.
O homem começou a gritar chamando seus outros parentes do mundo de cá:
– Venham meus parentes, as jiboias estão me engolindo.
Gritou para os outros parentes escutarem. O parente escutou, veio na carreira e encontrou o homem com a cintura sendo engolida pela parenta jiboia. Com os outros parentes conseguiram tirá-lo. O homem ficou com o corpo todo mole, ficou na rede, estava doente. Falou para seu cunhado:
– Quando eu morrer me enterra, passando seis meses pode me procurar na minha sepultura. Na parte da direita vou virar cipó, na parte da esquerda vou virar rainha. Tira o cipó, corta uma palma de comprido, bate com um pedaço de pau, tira a casca, bota água junto com a folha, pode cozinhar e depois cantando, eu fico dentro do cipó explicando para você.
Foi explicando para o cunhado dele enquanto morria. Enterraram, passou seis meses, o cunhado dele foi visitar a sepultura e já tinha nascido o cipó e a rainha. Tirou os dois juntos. Fez como ele havia explicado.
Fez o cipó, tomou, veio a miração, teve muitas explicações, mostrando o futuro, o presente e o passado. É verdade, do homem surgiu o cipó. É essa a nossa história.

A alquimia existe em diversas culturas: egípcia, chinesa, taoista, medieval, cristã etc., mas pouco se fala ou pouco se sabe sobre a alquimia indígena, dos povos originários da Terra.

A importância da alquimia é o segredo; por isso, também é considerada como filosofia hermética. A transmissão do conhecimento sagrado que se dá entre mestre e discípulo é o mistério segundo C.G. Jung. Nas aldeias, esse conhecimento é transmitido através das histórias, dos mitos, dos cantos sagrados, dos sopros, dos desenhos, das ervas, passados de geração em geração. Como dizem os *Huni Kuin*, "nossa biblioteca são os anciões".

A alquimia tem como objetivo maior a obtenção da pedra filosofal através do trabalho alquímico que se dá repetidamente, denominado *opus*, realizado a partir da *prima materia*. A alquimia é uma arte sagrada; é preciso ser um artista para ser um alquimista, e sê-lo significa dedicar sua vida à arte e saber operar os mistérios da natureza.

A obra opera contra a natureza (*opus contra natura*), e isto significa algo que venha a ser da natureza e não é natural. Requer a arte sagrada, a mão e a alma do alquimista. A natureza é como uma obra do divino, e é a arte, a obra do homem. Em última instância, alquimia significa extrair o espírito da matéria.

A alquimia revela como a psique se move. Para C.G. Jung (1990, § 342), a alquimia descreve o processo de transformação da projeção inconsciente. Os eventos da psique inconsciente são retratados nos eventos químicos.

> Na tentativa de explicar o mistério da matéria projetava outro mistério, isto é, projetava seu próprio fundo psíquico desconhecido no que pretendia explicar: *obscurium per obscurius, ignotum per ignotius* (o obscuro pelo mais obscuro, o ignorado pelo mais ignorado). Tratava-se evidentemente não de um método intencional, mas de um acontecimento involuntário (JUNG, 1990, § 345).

> O alquimista vivenciava sua projeção como uma propriedade da matéria; mas o que vivenciava na realidade era o seu inconsciente. Desse modo, repetia toda a história do conhecimento da natureza (JUNG, 1990, § 346)

Na primeira prancha do tratado alquímico, do século XIII, o *Rosarium philosophorum*, chamada de "A fonte do Mercúrio", aparecem todos os elementos para a *opus*. O caos primordial, aquilo que precisa ser transformado. Na análise é a queixa trazida pelo cliente.

Prancha 1 A fonte de Mercúrio (*Rosarium philosophorum*)

Os quatro elementos estão presentes. No Mito da Jiboia encontramos o quatérnio: índio, anta, jiboia e jenipapo, numa certa tensão de opostos. O índio caçando anta, anta procurando jenipapo, jenipapo é lançado no lago para chamar mulher-jiboia. O vaso hermético é o próprio cenário, a beira do lago, terra e água, onde vai se dar toda transformação.

O caçador Yube

Na tocaia, ele espia a jiboia e a anta

Do lago surge a jiboia, após ser atirado nele três frutas de jenipapo. Como "do mar" sobe a fonte de *Mercurius* "triplex nomine" como diz C.G. Jung (2008, § 403). *Mercurius* também é representado por uma serpente tricéfala. No nosso mito a jiboia corresponde ao mercúrio que liga consciente e inconsciente entre a terra e o lago.

O Huni Kuin joga jenipapo para chamar a jiboia

Da segunda vez que tomei o chá *Huni Pae*, na cerimônia do *Nixi Pae*, vi muitas serpentes correndo pelo chão, e ao me ater a elas percebi que não eram como uma serpente física, mas serpentes de energia. Eram muitas e não me causavam medo, pois sabia que não estavam ali concretamente. Estava com a consciência alterada, uma expansão. Era a serpente mercurial, estava já mergulhando.

> O próprio mercúrio é a "roda de fogo da essência", em forma de serpente (1990, § 215).

As três frutas de jenipapo são atiradas no lago, da mesma forma que o mercúrio jorra por três canos. A trindade celeste em seu aspecto ctônico.

Temos então em nosso mito da mesma forma que na primeira prancha do *Rosarium philosophorum*, a tetrametria do processo de transformação. Os quatro elementos que separados formam a representação do caos, depois as três sementes (três formas de mercúrio: orgânico, inorgânico e anímico), depois os dois fazendo amor, anta e a jiboia como o sol (masculino) e a lua (feminino), numa ideia de união sexual como forma de se chegar ao filho, o Um, o *Filos philosophorum*.

Fica então aqui bem-representado o axioma de Maria, encontrada em toda alquimia sob diversas formas: a passagem do 4 para o 3, para o 2 e depois para o 1. O 4 como 4 direções opostas e inimigas, o 3 como a tríade correspondendo à ação masculina, à necessidade, agressividade e vontade. O 2, receptivo, feminino, feito para conceber o 1.

Para o Pajé Agostinho Manduca Mateus, são três elementos, mas desconfio que a terra já estava implícita em sua concepção de mundo e também que a luz seja correspondente ao fogo.

> Sempre pensava que para se ter o mundo só precisava de dois: a água e a luz, o homem e a mulher. Mas descobri que o mundo é feito de três. Não basta ter a água e a luz, precisa ter o ar, que faz o vento, que dá movimento e faz a ligação, faz com que a coisa ande. É o terceiro elemento que dá a vida. Assim também é por causa do filho do casal que o mundo continua (Pajé Agostinho Manduca Kaxinawa).

Em termos de processo de individuação: o índio em sua *persona* de caçador, sua função exercida na tribo, sai à procura de caça, mas encontra uma figura feminina, que o convida a mergulhar no lago de seu inconsciente. O estado de encantamento que provém do contato com sua *anima* o faz mergulhar em sua alma.

Quando o cliente chega na análise é a sua *persona* que chega na frente com todos seus papéis a desempenhar e questões a serem resolvidas, muitas vezes confusas; suas narrativas sobre sua história de vida percebidas a partir da visão do seu *ego*, problemas individuais e entulhos emocionais, sua *sombra*. O analista é o símbolo do Mercúrio, aquele que o guia na jornada psíquica, a ponte que precisamos para seguir na dimensão do *Self* de forma segura.

No início dos rituais do *Nixi Pae*, as primeiras imagens que aparecem nem sempre são as mais bonitas, mas aquelas que tentamos esconder a todo custo debaixo do tapete, ou debaixo de nossa *persona*. E não adianta querer fugir, pois quanto mais se resiste, mais persiste.

Percebi ao longo dos anos nos rituais que pessoas que estavam fortemente identificadas com sua *persona* eram as que mais padeciam nesse contato inicial com sua *sombra*. Uma fala bastante articulada, mas artificial, uma pose bem empinada pelo salto alto, numa cerimônia xamânica, na qual todos se sentam no chão em volta do fogo, era o prenúncio da "peia" (turbulência física e emocional, onde ocorrem vômitos e diarreias) para quem não estava preparado a se despir perante a sua própria verdade.

A fase alquímica correspondente é a *nigredo*, aspectos de sua *sombra* ainda não confrontados. A jornada de sua alma se inicia quando num contato com seu analista estabelece um vínculo afetivo e de confiança, o afeto catalisador segundo Nise da Silveira, um convite a encontrar seus próprios segredos em segurança.

"A meta da individuação não é outra senão a de despojar o si-mesmo dos invólucros falsos da *persona*. [...] Através da *persona* o homem quer parecer isto ou aquilo, ou então se esconde atrás de uma máscara, ou até mesmo constrói uma *persona* definida, a modo de muralha protetora" (1991, § 269). Nas cerimônias que organizei na cidade encontrei homens que relataram que se sentiam mais orientados quando estavam ao lado de uma mulher. O afeto, a atração, a presença feminina, a *anima* que facilita o contato com sua alma, além da razão.

Participei de uma cerimônia guiada por um indígena *Yawanawa*, povo vizinho e parente dos *Huni Kuin*, que pediu no início da cerimônia para pensarmos nas pessoas que amamos antes de ingerir o chá. Mais fácil navegar em outros mundos com o escafandro do amor. A fase alquímica é a da *rubedo*, a transferência na análise, o encontro e a paixão.

A jiboia e o *Huni Kuin* conversam, fazem amor e decidem se casar, nessa segunda parte do mito, como na segunda prancha do *Rosarium*, rei e rainha unidos pelo inconsciente através da mão esquerda, que representa a natureza impulsiva e irracional-emocional: a união pelo instinto animal.

O Huni Kuin e a jiboia fazem amor

Prancha 2 Rei e rainha

É interessante notar, no mito, que ambos dizem ser comprometidos, o que indica a existência de mais dois seres que não aparecem, trazendo a ideia do quatérnio do casamento, as relações cruzadas de transferência, entre analista e analisando, o momento do contrato da relação: o consciente do analista com o consciente do analisando, os inconscientes também se conectam e inconsciente do analista com consciente do analisando e inconsciente do analisando com consciente do analista.

Rei e rainha se tocam pela mão esquerda, sinistra, indicando um segredo (da arte) e seguram com a mão direita (atitude compensatória) um ramo que se cruza e de onde saem duas flores. O quinto ramo de flor é trazido pela pomba do Espírito Santo. O masculino, o feminino e o divino indicando a natureza tripla do mercúrio.

No processo de individuação, essa é a imagem do encontro com a *anima* e o processo da *calcinatio,* operação alquímica ligada diretamente ao elemento fogo que tem como finalidade purificar a matéria impura. Um sólido é aquecido para se retirar a água. O fogo da *calcinatio* é purgador, embranquecedor e atua sobre a matéria negra.

Na prancha 3 do *Rosarium*, A verdade desnuda, rei e rainha nus na simetria da relação, significando que abriram mão da *persona* e entraram em contato com a *sombra*, sem véus ou enfeites. Daí é possível a integração da sombra ao eu para que se dê a proximidade da totalidade – a união de opostos.

Prancha 3   A verdade nua

"Cada elemento encerra seu contrário dentro de si" (1991, § 451).

A união do índio com a mulher-jiboia é complementada com a medicina (encantamento-segredo) posta no olho do índio em seguida de um compromisso de casamento: o masculino, o feminino e o divino.

No mundo da jiboia, nosso herói *Yube* permanece por 12 anos e tem três filhos. Como na Prancha 4 do *Rosarium*, O banho, a entrada na água, o rebaixamento da consciência. O inconsciente está unido pela parte inferior, a matéria sólida entra na matéria líquida e é dissolvido, a *solutio* é uma operação alquímica relacionada ao elemento água e é a própria raiz da alquimia. Significa o desmembramento, a dissolução, a morte e o renascimento.

Prancha 4   A imersão no banho

Huni Kuin entra no lago com a jiboia

O rei ameaçado de afogamento no mar significa a "invasão perigosa do mar", o espírito ctônico *Mercurius* em forma de água, começa a pegar o casal por baixo..." (1991, § 453).

O ritual preparado pela jiboia faz com que *Yube* tenha mirações (visões) muito fortes que o faz gritar, mas também enxergar de forma lúcida que sua mulher era uma jiboia e que ele estava encantando, já nem se lembrando mais de onde viera.

O Huni Kuin toma cipó com a jiboia

Nas cerimônias do *Nixi Pae* presenciei algumas passagens de participantes que gritavam achando que iam morrer. Essas experiências de morte e fragmentação típicas dos rituais xamânicos são na verdade experiências de dissolução do ego. Uma participante uma vez relatou que depois que "vomitou o ego" tudo melhorou. Precisa ser realmente um herói para ter a coragem de fazer um mergulho como esse. Eu vivi essa sensação de dissolução dentro dos rituais, onde as crenças e referenciais são postos em xeque e a sensação física é de perda do contorno corporal e fusão com o Todo.

Nessa passagem é importante ressaltar que pessoas com fragilidade do ego não devem tomar um chá que amplia as percepções, assim como também não devem usar drogas ou participar de outros rituais xamânicos.

Nas cerimônias na cidade, entrevistas psicológicas são realizadas previamente, a fim de conhecer a pessoa e orientá-la sobre o processo do ritual. Algumas combinações de remédios e drogas não são recomendadas e o participante deve estar gozando de boas condições psíquicas. Os pajés são bem cuidadosos e servem doses pequenas para os participantes de primeira vez.

Uns chamam o chá de droga alucinógena, outros o chamam de *enteógenos*, palavra que significa ligação com o divino e no xamanismo é chamado de planta de poder ou medicina de cura.

Parece um momento de turbulência numa viagem aérea, a "peia", como usualmente é chamada, é um momento bem difícil. O mais recomendado é se entregar na confiança de que vai passar. O pajé que guia a cerimônia pelos caminhos do astral irá cuidar de trazer um equilíbrio através dos cantos sagrados. Não se pode tomar esse chá sozinho, alertam os pajés; sempre tomam em grupo para um ajudar o outro a voltar a consciência.

Como na Prancha 5 do *Rosarium*, a segunda *Coniunctio*, ocorre o intercurso sexual: dois elementos ao se unirem geram o terceiro. Na representação da vida é o instinto sexual: a jiboia e o *Huni Kuin* têm filhos. O casamento sagrado é o casamento do homem com sua alma. Trata-se de uma ideia cósmica: integração da sombra.

Prancha 5 A *Coniunctio*

"Na hora da conjunção aparecem os maiores milagres" (1991, § 114).

O *Huni Kuin* toma consciência através da luz do ritual de onde está e que fora encantado. O casamento se dá aqui é com sua alma e por isso pode retornar ao seu lugar de origem, à terra firme de sua consciência.

É o reaparecimento do homem-luz que havia desaparecido, o qual, segundo o simbolismo gnóstico, tal como no Cristo, "é idêntico ao Logos, que existia antes de toda criação" (1991, § 458).

Após a "peia", os ensinamentos aparecem e trazem luz à escuridão e harmonia no ritual do *Nixi Pae*. A sabedoria emerge das profundezas, tal qual o sal da terra. A fase alquímica é a da Albedo, onde há conscientização e os pensamentos são separados da emoção.

O Huni Kuin toma cipó com a jiboia

O Huni Kuin tem muitas visões e vê muita luz

Tive algumas visões muito bonitas em vários rituais, após os momentos iniciais de ajuste. Fiz um passeio no astral por várias rochas do planeta, desde Stonehange na Escócia até as Moais, estátuas da Ilha de Páscoa. Em outra "miração" estava sentada num palácio no Egito, todo coberto por ouro, o ouro alquímico, a espiritualidade. Imagens de natureza, praias, sol, estrelas também ocorrem nessa fase final do ritual, imagens do arquétipo de *Self*.

Em outras versões do Mito da Jiboia, *Ixke* é uma mulher-peixe que encontra *Yube* e o guia para fora do lago em direção à terra firme de sua antiga família e povo, devido à ameaça do povo jiboia devorá-lo. Quando o homem percebe que está na realidade num ninho de cobras, pede ajuda para retornar ao seu mundo. A *anima*, desta vez em forma de peixe, faz uma ponte para viajar para o outro lado, só que agora para o mundo consciente, aquele já construído por ele.

A mulher-peixe ajuda o Huni Kuin a voltar para sua aldeia

O peixe é um símbolo de Cristo que também é um símbolo de *Self*. Anteriormente ao peixe-cristão, o peixe já estava ligado à alquimia, ao *lapis philosophorum*, e foi posto ao lado de Cristo como *salvator mundi*. O *lapis* tanto é a matéria inicial como o produto final de todo o processo.

Após seu despertar, *Yube* está pronto para ser salvo e retornar à sua origem após sua vivência que o transformou, mas parece que seu destino já estava traçado e o que ele viu no ritual no lago há de acontecer.

De volta à sua terra, *Yube* volta a sua família e retorna à caça e é encontrado por seus filhos-serpentes que, junto com sua mãe, começam a devorá-lo.

A jiboia volta e tenta devorar o Huni Kuin

Como na Prancha 6 do *Rosarium*, a morte,
> [...] a integração dos conteúdos que sempre estiveram inconscientes e projetados significa uma grave lesão do eu. A alquimia exprime este fato através dos símbolos da morte, do ferimento, do envenenamento, ou então através da estranha ideia da hidropsia pela ingestão excessiva de água pelo rei. Ele bebe tanta água que acaba dissolven-

do a si mesmo e precisando da ajuda dos médicos alexandrinos para ser curado. Ele superestima suas forças diante do inconsciente e acaba se dissociando (1991, § 472).

Prancha 6   A morte

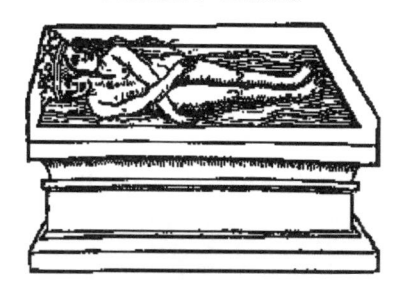

Agora é a jiboia que sai da água e vem para a terra em mais uma *coniunctio* através do devoramento. O nosso herói tenta se separar do lago do inconsciente, mas a jiboia como símbolo ctônico da psique arcaica vem de encontro novamente.

A unificação dos opostos que gera a dissolução do eu, algo semelhante à morte e à morte do ego. A *anima* quer ficar unida à consciência.

A integração do inconsciente só é possível se o eu aguentar (1991, § 503).

Vemos aqui a presença da operação da *mortificatio*. Operação dada pela morte, sem correspondente químico ou de elemento. É a morte de algo com esperança de que se multiplique. Formas inconscientes de expressão precisam morrer, como explosões de afeto, ressentimentos, prazer e exigências de poder para que a libido emaranhada infantil se transforme. Algumas vezes se refere à *putrefatio*, que são aspectos diferentes da mesma operação.

A *putrefatio* é a decomposição daquilo que morreu. Em termos psicológicos, é preciso experimentar a morte do ego para se viver uma experiência de *Self*. Esta morte é apenas um estado intermediário para o surgimento de uma nova vida.

Vemos também a *putrefatio* na imagem do esfacelamento dos ossos. Quem está a caminho da totalidade em seu processo de individuação não pode escapar de um contato com o mais escuro da *sombra*.

A morte para a alquimia significa concepção de um homem novo. A nova personalidade transcende a consciência e não se trata de um terceiro termo vindo da união da consciência com o inconsciente, mas dos dois. É o encontro com o *si-mesmo*. É o símbolo unificador.

A análise é um ritual que se repete no tempo como uma *opus* alquímica e que faz vivermos os mitos de morte e ressurreição. Se não houver um ritual não há um mito que se sustente. O analisando projeta sua psique no analista e o consultório é o vaso que permite a produção de símbolos.

Também é importante salientar que no Mito da Jiboia o *Huni Kuin* é salvo pelos irmãos da aldeia, o que significa que o contato com o inconsciente deve ser feito num ambiente onde um grupo possa trazê-lo de volta; uma identidade cultural que o lembre quem ele é. O chamado "desenho" do ritual, que consiste, no caso dos indígenas, em sentar em círculo com o fogo no centro, cantos sagrados de força, cura e transformação e outros ainda para harmonizar, formam uma estrutura de proteção.

Após a sua morte, seu primo realiza exatamente o que *Yube* o pede, e em seis meses após seu enterro o cipó e a folha da rainha estão lá. Como na Prancha 7 do *Rosarium*, a ascensão da alma, após as trevas, sempre vem a luz.

Prancha 7 A ascensão da alma

O seu reaparecimento sobre a terra como força curativa teve que passar por um devoramento e, por fim, uma morte como meio de alcançar a imortalidade e a plenitude, como "mediador" e "salvador". Sua vida e sua morte ganham um novo sentido, uma nova vida através das plantas.

Como na Prancha 8 do *Rosarium*, a purificação vem através das plantas medicinais que nascem de seu túmulo. Tive uma cliente que, após a morte de um parente, desenhou um caixão, e dentro dele saíam ervas e flores – a vida que vem da morte, a morte como transformação. Na cultura indígena se crê que, quando um índio morre, vira uma planta ou um animal; uma força ancestral para os demais.

Huni Kuin morre, dele nascem as plantas que fazem a medicina

Prancha 8 A purificação

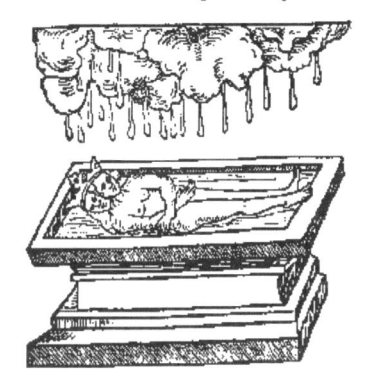

O retorno da alma encontrado na Prancha 9 do *Rosarium* equivale, no mito, quando a voz de *Yube* é ouvida. Ele se tornou um encantado ao se transformar em medicina de cura; a voz como um sopro divino a orientar.

Na Prancha 9 do *Rosarium* a alma retorna, o corvo embaixo indicando que a *nigredo* continua e o processo de morte e renascimento é contínuo. Se realmente houve a *putrefação* há a possibilidade de vir uma alma nova.

Prancha 9 O retorno da alma

A *Coniunctio* superior se dá da mesma forma que na Prancha 10 do *Rosarium*, e o novo nascimento ocorre quando da sepultura do *Huni Kuin* nasce o cipó (masculino) e a rainha (feminino) que, quando misturados, formam uma medicina. Na análise, a sizígia, a verdadeira comunhão entre o feminino e o masculino, é capaz de levar uma pessoa a acelerar seu processo de individuação.

Prancha 10 O novo nascimento

O nosso herói *Huni Kuin* se sacrifica para dar ao seu povo o caminho da conexão com a alma. A função transcendente que no mito se dá em forma da ingestão da planta e abertura das visões, que tanto ocorriam aos alquimistas quando em suas operações da *Opus* rumo à Pedra Filosofal.

Tendo em vista a análise do mito, pudemos perceber e concluir que o Mito da Jiboia *Huni Kuin* é um mito de individuação e percorre os caminhos das operações alquímicas.

Como a cultura *Huni Kuin* gira toda em torno do mito e de sua deusa jiboia, pode ser considerada uma cultura xamânica e alquímica. Os cantos dos rituais, os desenhos chamados *Kenes* trazidos pela jiboia, em suas visões nos rituais, são considerados sagrados.

Podemos considerar os pajés verdadeiros alquimistas, na medida em que preparam a mistura do cipó (masculino) e da folha (feminino) para um chá que, por meio de sua ingestão, vai lhes auxiliar a um encontro com a jiboia, com sua força do inconsciente. O segredo é passado de pai para filho, de avô para neto, e assim vão se formando os pajés-alquimistas. A transformação causada devido a esse contato com o inconsciente, a função transcendente vivida no dia a dia da aldeia, é mais uma demonstração de uma cultura alquímica.

A alquimia como uma filosofia da natureza aparece a todo momento no mito, na *sizígia* e na transformação do homem, ao ser encantado e levado para o mundo das jiboias; mundo de sabedoria com caráter *numinoso*. A volta ao seu povo, sua morte causada pela própria jiboia faz com que ele possa trazer uma nova medicina através de sua própria transformação (morte), duas plantas que, unidas num casamento alquímico, criam uma ponte entre consciente e inconsciente, iluminando as sombras, unindo os opostos rumo à totalidade do *Self*.

Nos rituais do *Nixi Pae*, após a morte simbólica, o renascimento da consciência surge em imagens divinas e de *Self*, a cantoria animada festeja a passagem e o sucesso da jornada. Relatos de cura física e emocional, assim como de tratamento a dependentes químicos, são feitos pelos participantes da cidade e motivam cada vez mais esse intercâmbio cultural.

Longe de querer esgotar as possíveis interpretações do mito, espero contribuir para ampliar mais as perspectivas de nossas raízes e da nossa alquimia da floresta. Estudar e vivenciar essa cultura nativa brasileira e de outros povos nativos brasileiros parece ser uma emergência para uma cultura de vida e paz.

Os rituais que fazem os mitos viverem são até hoje realizados nas aldeias e fora delas, e hoje vem proporcionando ao povo da cidade o contato com essa cultura da floresta. O grupo dos guardiões *Huni Kuin* dá apoio aos indígenas na floresta e na cidade, dando continuidade a esse projeto.

O povo Huni Kuin aprende a fazer o ritual e a falar com o pajé através da planta

Referências

ARMSTRONG, K. (2005). *Breve história do mito*. São Paulo: Cia das Letras.

BOECHAT, W. (2007). "Psicologia e alquimia" [artigo].

_____ (2006). *Mitopoiese da psique*. Petrópolis: Vozes, 2007.

CAMPBELL, J. (2007). *O poder do mito*. São Paulo: Palas Athena.

COMISSÃO PRÓ-ÍNDIO DO ACRE (2000). *Miyui Mima Kene* – História da arte de tecer. Opiac.

_____ (1995). *Shenipabu Miyui*. Opiac.

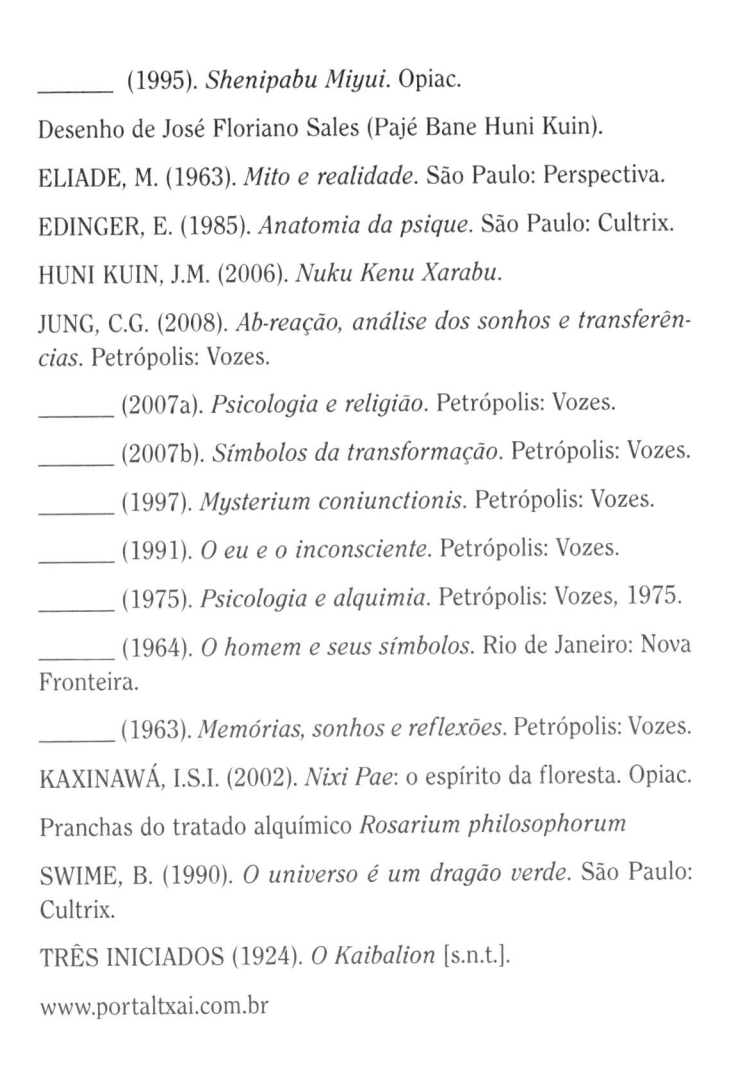

Desenho de José Floriano Sales (Pajé Bane Huni Kuin).

ELIADE, M. (1963). *Mito e realidade*. São Paulo: Perspectiva.

EDINGER, E. (1985). *Anatomia da psique*. São Paulo: Cultrix.

HUNI KUIN, J.M. (2006). *Nuku Kenu Xarabu*.

JUNG, C.G. (2008). *Ab-reação, análise dos sonhos e transferências*. Petrópolis: Vozes.

_____ (2007a). *Psicologia e religião*. Petrópolis: Vozes.

_____ (2007b). *Símbolos da transformação*. Petrópolis: Vozes.

_____ (1997). *Mysterium coniunctionis*. Petrópolis: Vozes.

_____ (1991). *O eu e o inconsciente*. Petrópolis: Vozes.

_____ (1975). *Psicologia e alquimia*. Petrópolis: Vozes, 1975.

_____ (1964). *O homem e seus símbolos*. Rio de Janeiro: Nova Fronteira.

_____ (1963). *Memórias, sonhos e reflexões*. Petrópolis: Vozes.

KAXINAWÁ, I.S.I. (2002). *Nixi Pae*: o espírito da floresta. Opiac.

Pranchas do tratado alquímico *Rosarium philosophorum*

SWIME, B. (1990). *O universo é um dragão verde*. São Paulo: Cultrix.

TRÊS INICIADOS (1924). *O Kaibalion* [s.n.t.].

www.portaltxai.com.br

6 O ritual do Wará celebrado pelo povo indígena Sateré-Maué

Solange Missagia de Mattos

Introdução

O povo[1] *Sateré-Maué* integra os povos ribeirinhos da Floresta Amazônica que habita o Estado do Amazonas na divisa com o Pará. A história de migração desse povo mostra que, no passado, desde o início da colonização, foi vítima de constante perseguição e, reagindo, na maioria das vezes, fugia do litoral para o interior do Brasil a fim de escapar de seus perseguidores[2]. Nessa andança de cinquenta anos, em uma busca constante de um lugar para viver, chega a uma terra

---

1. Segundo a Antropologia, um povo indígena é uma macrofamília. Falar do povo Sateré-Maué é como falar: os Oliveiras, os Mattos, os Silvas, os Dantas...

2. Relatos desta história se encontram em MATTOS, S.M. *Espiritualidade emergente na narrativa mítica do guaraná vivida pelo povo indígena Sateré-Maué* – Anais do XXV Congresso da AJB. Bento Gonçalves, 14-17/11/2019. Nessa obra a autora comenta a reflexão de antropólogos e historiadores sobre esse povo indígena, originário do atual Estado de Pernambuco, que migrou para a região amazônica.

onde teve a oportunidade de cultivar uma planta silvestre: o *Waranã* (guaraná).

Os indígenas transformam sua vida em contato com a natureza em uma referência mítica, onde emanam lições para o seu viver. Assim surgiu a narrativa mítica do *Wará*, celebrado, comunitariamente, na presença de um *Tuxaua*[3]. A narrativa mítica do *Wará*, no passado, fazia parte do rito. Atualmente, é negligenciada.

A reflexão acerca do ritual do *Wará* tem como objetivo perceber como a espiritualidade marca uma luta e uma transformação tanto do indivíduo quanto do coletivo. Os antigos desse povo celebravam essa cerimônia que, acompanhada pela narrativa, transformavam-na com um valor sacramental, isto é, o que se narra realiza o que é celebrado no decorrer da vida.

A reflexão, neste texto, aborda, em primeiro lugar, como o guaraná era preparado, desde as atividades do cultivo até a cerimônia. Posteriormente, mostra a narrativa mítica acompanhada do rito cerimonial e, finalmente, faz uma análise, sob o olhar junguiano da interpretação dos sonhos, desse sonho coletivo vivido por seus antepassados, demonstrando como atualmente é celebrada essa cerimônia e qual a transcendência para a população atual do povo *Sateré-Maué*.

O cultivo do *Wara* (guaraná)

O guaraná (*Paullinia Cupana H.B.K*) é uma variedade de trepadeira silvestre da família das Sapindáceas. A planta é perene e trepadeira. Suas folhas são largas e a florescência tem

---

3. Tuxaua é o nome do chefe espiritual da tribo.

forma de cachos. Da floração à colheita estima-se um tempo de três a quatro meses. O fruto do guaraná é uma cápsula pequena e verde, mas, quando amadurecida, transforma-se em uma cor vermelha e alaranjada. Quando preparado, apresenta cor marrom-acinzentado e de sabor um pouco amargo.

Os *Sateré-Maué* transformaram a fruta silvestre – em forma de trepadeira – em arbusto cultivável. A domesticação beneficia-os economicamente até os dias atuais e também é de grande importância para a organização social desse povo. Segundo Sonia Lorénz em seu livro *Filhos do guaraná*, a primeira descrição da importância do guaraná para os *Sateré-Maué* foi em 1669, ano em que coincide com o primeiro contato do grupo com os brancos.

> Tem os Andirazes em seus matos uma frutinha que chamam guaraná, a qual secam e depois pisam, fazendo dela umas bolas, que estimam como os brancos o seu ouro, e desfeitas com uma pedrinha, com que as vão roçando, e em uma cuia de água bebida, dá tão grandes forças, que indo os índios à caça, um dia até o outro não tem fome, além do que faz urinar, tira febres e dores de cabeça e cãibras (Pe. João Felipe Betendorf SJ, 1669, apud LORENZ, 1992: 20).

Mais tarde, em 1819, o naturalista Carl Von Martins observou que já existia intenso comércio que chegava a locais distantes como Mato Grosso e Bolívia. Cinquenta anos depois, Ferreira Penna[4] também testemunha:

---

4. Domingos Soares Ferreira Penna (1818-1888) nasceu em Mariana, MG e radicou-se em Belém do Pará. Foi um pesquisador naturalista do Museu Nacional, dedicando-se a pesquisar a Floresta Amazônica.

> Cada ano descem pelo Madeira mercadores da Bolívia e Mato Grosso dirigindo-se a Serpa e Vila Bela Imperatriz, para onde trazem seus gêneros de exportação e donde recebem os de importação. Daí antes de regressarem vão a Maués, donde levam mil arrobas de guaraná, regressando então em ubás, carregadas daqueles e deste último gênero, que eles vão vender nos departamentos de Beni, Santa Cruz de La Sierra e Cochabamba na Bolívia e nas povoações do Guaporé e seus afluentes (LORENZ, 1992: 20).

O comércio do guaraná nessa região também se encontra na literatura dos viajantes europeus e de relatos de escritores amazonenses que destacam que o comércio do guaraná sempre foi intenso na região de Maué. Nessa época, também, os não indígenas já exploravam essa atividade comercial. A procura desse produto se deve às suas propriedades de efeito estimulante, regulador intestinal, antiblenorrágico, tônico cardiovascular e afrodisíaco. O que mais atraía era seu efeito estimulante, contendo alto teor de cafeína, superior ao chá e ao café. Quando um indígena tem um guaranazal é respeitado e pode formar família, aponta o Pe. Henrique Uggé, da Diocese de Parintins, desde a década de 1970.

É importante ressaltar a diferença do produto dos indígenas e a dos comerciantes. O guaraná do *Sateré-Maué* é de excelente qualidade, chamado guaraná das terras altas e guaraná de Maraus, enquanto o outro, o de Luzeia – antigo nome da cidade – é de qualidade inferior por ser produzido sem o conhecimento apurado dos indígenas.

Segundo a autora de *Os filhos do guaraná*, o produto dos *Sateré-Maué* sempre foi mais procurado. No entanto, produzido em quantidade menor, são vendidas, por ano, cerca de 2 toneladas. Já o de Luzeia é produzido em larga escala e comercializado por empresas que anualmente disponibilizam no mercado cerca de 40 toneladas.

Os dados do parágrafo anterior mostram a diferença da prática mística dos indígenas que, alquimicamente, faz a diferença do produto. Por essa razão, o povo indígena que cultiva o guaraná transformou seu fruto em uma celebração sagrada.

O preparo do *Wará* para a celebração

Os Sateré-Maué conservam todo um ritual de colheita, preparo, torrefação, pilhagem e secagem da fruta. Esse trabalho é realizado por homens qualificados (padeiros) que transformam o guaraná em forma de pão-bastões. Depois de longas semanas sobre o fumeiro, o produto fica pronto para ser consumido. Nesse momento é tarefa da mulher ralar e transformá-lo em líquido para a cerimônia do *Wará*. Os antigos denominavam esse líquido de *Sak-po* (muitas raízes). Segundo Uggé, por ser impróprio pelo seu significado sagrado, atualmente é denominado *Wará*.

Wará significa enraizado. A planta é considerada *Tuxaua* (chefe) sabedoria e fonte de prosperidade. A cerimônia da partilha do *Wará* pode ser realizada em um íntimo convívio de um pequeno grupo, assim como por um coletivo maior. Compete à mulher do anfitrião preparar o *Wará* que é servido em uma cabaça e oferecido primeiramente ao marido, que, depois, oferece aos convidados, geralmente prestigiando os mais velhos e os visitantes ilustres, se houver. É importante observar que isso ocorre em várias rodadas e que a mulher, a filha ou ainda a neta do anfitrião continuam ralando e produzindo o líquido durante a cerimônia.

Dois detalhes importantes são observados nessa cerimônia; o primeiro é que o participante nunca deve negar em tomá-lo para não ofender o anfitrião. Se alguém não estiver disposto deve tomar pequenos goles; o outro detalhe é que sempre se deixa um resquício na cuia para devolvê-lo ao dono. Só ele tem o direito de encerrar, formalmente, a sessão do *Wará*, o que pode fazer pessoalmente ou transferir para outro membro de sua família.

A cerimônia se realiza em uma roda de conversa que ocorre durante datas comemorativas, como de gravidez, nascimento, pós-parto, como também no luto; nas alegrias e nas tristezas. Pode-se dizer que tais cerimônias intensificam a vida social do *Sateré-Maué*, emergindo fenômenos que se encontram ocultos ou ainda obscuros. Mas o que se destaca é que, nesse momento, há uma comunhão com sua ancestralidade mítica e, assim, revigoram-se etnicamente.

Como citado anteriormente, além da cerimônia íntima, há a coletiva: o ritual da Tocandira (formiga tocandira – *Paraponela clavata*), que coincide com a época da fabricação do *Wará* com duração, aproximadamente, de 20 dias. A Festa da Tocandira, como é denominada, é um rito de passagem no qual os meninos se tornam homens, com cantos de exaltação lírica para o trabalho e para o amor, e cantos épicos ligados à guerra, enfatiza Sonia Lorenz. As luvas para esse ritual são tecidas em palha, pintadas com jenipapo e adornadas com pena de arara e gavião. O iniciado enfia a mão para ser ferrada por dezenas de formigas tocandiras. Por essa razão a festa recebe esse nome[5].

---

5. A descrição da cerimônia do *Wará* encontra-se mais detalhada em LORENZ, S.S. (1992). *Sateré-Maué* – Os filhos do guaraná. São Paulo. Centro de Trabalho Indígena.

A narrativa mítica que acompanha a cerimônia é um ponto alto da celebração. Várias versões são encontradas nessa literatura, que lembram o seguinte ditado popular: "Quem conta um conto aumenta um ponto". No entanto, todas concordam no tocante à sua essência. A narrativa é longa e, por isso, a presente reflexão apresenta um resumo sobre o relato de Maria Lopes Trindade, de Lugar Feliz, Ponta Alegre, AM (UGGÉ, 2004: 24). O resumo que se segue foi publicado por Mattos, *Espiritualidade emergente do povo Sareré-Maué*, que se encontra nos Anais do XXV Congresso da Associação Junguiana do Brasil.

A narrativa mítica do *Wará*

Segundo a tradição, relata D. Maria Trindade, havia um homem que tinha um filho pequeno e resolveu dar um giro pelo mundo. Ao partir, deixou o filho com a responsabilidade de tomar conta de uma planta muito importante para ele e com a recomendação de que nada informasse se alguém viesse perguntar acerca dessa planta. Assim que o homem partiu, apareceram homens curiosos para saber a origem da planta.

O menino nada conseguiu falar com o primeiro nem com o segundo homem, mas com o terceiro, apesar de não querer contar, desobedece à ordem do pai e acaba contando: "É o espírito de um grande peixe". Ao sair, o homem que obteve a informação contou para todo o mundo que tinha "aperreado" muito o menino até ele revelar.

Quando o homem regressou, as pessoas queriam conversar com ele, o pai do menino. Sabendo que iria ser perseguido, o homem convidou-os para uma reunião na casa dos tios dos peixes; também convidou a Coruja Grande. Recomendou à Coruja que ficasse olhando o menino que estava entre suas duas pernas. Pediu que o vigiasse para que as pessoas não o matassem. O pai convidou também o *Cuxiu* (macaco) para ajudar na conversa, e pediu que ele continuasse a conversa depois da segunda palavra.

Ocorre que o *Cuxiu* não cumpriu o determinado e, então, os peixes fizeram "judiação" no filho que se encontrava entre as duas pernas do pai. O filho adoeceu e o pai não continuou a conversa. O filho ficou doente e depois morreu. E o pai tocou o dedo no menino e disse: "Coitado do meu filho, o teu tio te matou". O irmão do pai do menino era pajé, e o pai do menino mandou chamá-lo. Na primeira vez, ele não quis ir, pois sabia que o pai do menino o havia acusado. Mas o pai do menino mandou chamar outra vez e, nessa segunda vez, ele veio e disse: "O espírito de seu filho está na guelra do peixe", disse o pajé, tio do menino.

"Que vamos fazer?", perguntou o pai. O tio respondeu: "Vamos gerar o nosso filho para fazer algo contra os peixes". O pai ficou zangado e começou a agredir os peixes. O tio insistiu: "Que nome daremos ao nosso filho depois de ser gerado?" O pai respondeu: "Coxa esquerda". Mas o tio respondeu: "Não, ele se chamará Timbó Vermelho". O pai plantou o Timbó, por ordem do irmão e, "em menos de um mês a planta estava crescida porque foi plantada pelo seu dono" (UGGÉ, 2004: 33). D. Maria Trindade conta ainda que naquela época não existia tanto mal sobre a terra. Por isso, a planta logo nasceu.

O pai voltou para casa e encontrou a sua irmã Santa Maria que estava grávida. "O irmão mandou que ela defumasse a barriga", mas Santa Maria disse: "Não, meu irmão, eu quero ficar sábia como vocês". Quando a criança nasceu, a mãe falou para a criança: "Somente seus descendentes irão lhe dar conselho, meu filho. Você também vai abençoar as pessoas que vierem depois de ti". Mas a criança morreu (cf. UGGÉ, 2004: 35).

Santa Maria resistiu e teve outro filho, agora assistido por mão de parteira. O pai de Timbó não queria ter esse novo sobrinho em casa porque era filho de cobra e insiste em pedir aos primos que o matem. Como não mataram, os próprios tios preparam uma emboscada e matam o filho de Santa Maria. Ele grita por socorro antes de morrer, e foi o suficiente para a mãe vir socorrê-lo.

Santa Maria olhou para o olho do filho e disse: "Você não vai ser coitadinho, você vai ser um invisível em todos os momentos. Você, o *Wará* (guaraná), vai estar presente quando tomar *sapó* (guaraná ralado na água), você vai ser como chefe para todos os povos" (UGGÉ, 2004: 40).

A narradora, Maria Lopes Trindade, prossegue com outras palavras de Santa Maria:
> para fazer os trabalhos, para fazer casos, sempre estará presente *o Wará*, o meu filho único. Você vai multiplicar-se e vai ficar na terra nova (paraíso). [...] você vai dar conselhos todos os dias [momento em que se toma o *sapo*], de manhã, de tarde e de noite, você vai dar conselho (UGGÉ, 2004: 40).

No final da narrativa, Maria Lopes Trindade conclama que, "quando ralam *sapó*, as pessoas devem ter muito respeito porque o guaraná originou-se de nossa irmã Santa Maria". Relembra ainda que atualmente ao ralar o guaraná e ao tomar o *sapó* não se fala dessa história. "Eu gostaria que os homens contassem essa história do guaraná porque moramos só num rio. O nosso Pai Velho (Deus) não gosta que se fale mal dos outros. Nem a velha Santa Maria quer que se fale mal dos outros porque viemos nesta vida por um breve tempo" (UGGÉ, 2004: 45).

Apesar do sincretismo religioso estampado na narrativa do guaraná, é importante observar a espiritualidade contida nessa narrativa mítica. D. Maria lembra que se perde a referência mitológica quando não se conta a história ao tomar o *Wará*: ato mítico da espiritualidade tribal.

Um olhar da Psicologia Analítica sobre a narrativa mítica do *Wara* (guaraná)

Um mito é um reflexo da alma, é um sonho coletivo, alerta-nos Carl Gustav Jung, fundador da Psicologia Analítica. As imagens simbólicas são expressões dos arquétipos do inconsciente coletivo. Símbolos, sonhos e mitos são contemplados em toda sua obra e geralmente Jung as apresenta de forma associada. Ante o fenômeno do imaginário, o primeiro passo é acolher a emergência da imagem. Não importa se a imagem de uma narrativa mítica seja uma expressão de um sincretismo religioso, uma vez que o símbolo que se revela representa o que está em potencial no inconsciente coletivo.

Na narrativa mítica do guaraná estamos diante de uma emergência que revela um sincretismo religioso, mas que permanece a marca ancestral. A mística acontece em uma comunidade e conta, no seu início, que "um homem tinha um filho muito pequeno e resolveu dar um giro no mundo". Essa frase sugere que o ego sai do si mesmo, de seu olhar limitado para dar um giro; ver o contexto, ver-se no Todo.

Mas o homem deixa algo de si, um filho muito pequeno com uma incumbência muito grande: cuidar de sua planta muito valorosa e nada revelar sobre ela. A criança quis dar conta, mas a curiosidade de outros elementos que não "quiseram dar um giro no mundo" o deixou "aperreado".

É possível, também, pensar em uma polaridade da mente. Há um adulto, um herói que quer conhecer, quer desbravar, quer amplificar, quer apreender o Todo: o destino do herói é formar civilizações, alerta-nos Joseph Campbell[6]. Mas ele vai desintegrado, uma vez que deixa a criança que simboliza o novo, o criativo exercendo a função de um homem grande. A criança ficou aprisionada no papel de tutor da planta valiosa.

Quando o herói retorna, o tesouro se tornou uma ameaça culminada na morte do filho. Ele resiste nesse momento de perda, aciona os animais e forças da natureza para auxiliá-lo. Os personagens são representantes de elementos do seu inconsciente, solicitados para conversar com o adversário que, também, são destaques de seu psiquismo inconsciente projetado nas figuras da comunidade.

Mas seu filho pequeno que representa o novo, a criatividade não tem mais retorno: está preso na guelra de um peixe. A cena ocorre em uma comunidade familiar: pai, filho pequeno e tio poderoso. Os três representam, nesse momento, elementos masculinos desintegrados e, por isso, sucumbidos. O menino, o novo, o *puer*, o criativo morre e o pai chama-o de coitadinho. O inconsciente desse povo, representado apenas pelo *animus*, não pode chegar ao *podium* da transformação cujo pré-requisito é o encontro com a deusa, conforme lembra Campbell com o Mito do Herói.

Quando o filho, o Timbó, ressurge da planta, surge grávida um representante do feminino, que é Santa Maria. A

---

6. Joseph Campbell (1904-1987), mitólogo moderno, estudioso de Jung, que, entre suas pesquisas mitológicas, dedicou-se, em grande parte delas, ao Mito do Herói.

reação do masculino foi feroz: não existe espaço para esta nova criança, para o criativo, e o menino morre. Mas o feminino resiste e engravida novamente e, agora, Santa Maria dá à luz amparada por mulheres, e o filho vive. No entanto, o complexo é muito insistente e o tio do menino não o quer na comunidade. Os homens adultos, e um deles, o próprio que foi dar um giro no mundo e que, ao retornar, fica preso no complexo representado pela guelra do peixe, matam o segundo herói nascido de uma mulher.

Santa Maria, ao ver seu filho morto, retira-lhe os olhos, iguais à fruta do guaraná e profetiza:

> Você não será um coitadinho. [...] Você o Guaraná vai estar presente quando tomar o *Wará*. Você vai ser o chefe para todos os povos. Para fazer os trabalhos, para fazer casos, sempre estará presente o *Wará*, o meu filho único. Você vai multiplicar-se e ficar na terra nova (paraíso). Antigamente nós morávamos na terra nova; por isso, vai multiplicar-se, vai ser um grande homem. Você vai dar conselhos todos os dias [momento em que se toma o *Wará*, de manhã, tarde e de noite, vai dar conselho]. Assim ela falou ao filho (UGGÉ, 2004: 40).

Para Jung, "o símbolo é, na verdade, a melhor expressão possível, mas está muito abaixo do nível do mistério que significa" (JUNG, 2012: 16). No recorte acima estamos diante do mistério que faz lembrar o mistério da missa para os cristãos. Jung dedica, em sua obra, um vasto momento de reflexão sobre o símbolo da transformação da missa. Como não é objetivo explorar essa obra de Jung, eis uma sugestão para aprofundá-la em outra ocasião.

Considerações finais

É comum entre os povos indígenas uma explicação sobre a origem das plantas associada a um sacrifício humano. O que distingue, na narrativa mítica do guaraná, é a presença do sacrifício que atua transcendentalmente, tornando presente o eco ancestral enquanto celebram o ritual.

Outro dado que se apresenta na narrativa é uma questão de gênero com a presença da resistência feminina simbolizada no personagem Santa Maria. Ela enfrenta seus irmãos que insistem em controlar sua gravidez e determinar quais os filhos que devem existir na aldeia. Santa Maria dá à luz ao seu segundo filho, assistida por mulheres para que não morra ao nascer.

Importante perceber nesse mesmo personagem que, apesar do sincretismo religioso, conservam a demanda da ancestralidade. Santa Maria não é a Virgem Mãe como no arquétipo cristão. Santa Maria é, para o indígena, a "Velha Santa Maria", sua irmã. Velha que está para a ancestralidade e irmã que representa uma relação de igualdade. A transcendência, para o indígena, emana na relação horizontal.

Muito importante também é ressaltar o momento em que Maria Trindade exige a presença da tradição na celebração do *Wará*. Atualmente já não se lê a narrativa mítica, por esse motivo se perde a referência ancestral. A desculturação aumenta o conflito dentro de si mesmo, como se observa no fenômeno da embriaguez: troca-se a cerimônia fraterna do *Wará* pela cachaça nos botecos onde acontecem violências. Ao perder a referência de sua etnia torna-se mais vulnerável a todo tipo de exploração.

Referências

BOECHAT, W. (2014). *A alma brasileira*: luzes e sombra. Petrópolis: Vozes [Coleção Reflexão Junguiana].

CAMPBELL, J. (1988). *O poder do mito*. São Paulo: Palas Athenas.

GAMBINI, R. (1988). *O espelho índio*. Rio de Janeiro: Espaço e Tempo.

JUNG, C.G. (2014). *Seminários sobre análise dos sonhos*. Petrópolis: Vozes.

_____. (2013). *Os aspectos do drama contemporâneo*. Petrópolis: Vozes [Obras Completas, vol. 10/2].

_____. (2012). *O símbolo da transformação na missa*. Petrópolis: Vozes, 2012 [Obras Completas, vol. 11/3].

_____. (2010). *O Livro Vermelho* – Liber Novus. Ed. e intr.. de Sonu Shamdasani. Petrópolis: Vozes.

LORENZ, S.S. (1992). *Sateré-Maué* – Os filhos do guaraná. São Paulo. Centro de Trabalho Indígena.

MATTOS, S.M. (2013). *Simbolismo do herói*. Curitiba: CRV, 2013.

MATTOS, S.M. *Espiritualidade emergente na narrativa mítica do guaraná vivida pelo povo indígena Sateré-Maué* – Anais do XXV Congresso da AJB. Bento Gonçalves, 14-17/11/2019.

OLIVEIRA, H. (2018). *Desvelando a alma brasileira* – Psicologia junguiana e raízes culturais. Petrópolis: Vozes.

UGGÉ, H. (org.) (2004). *As bonitas histórias* Sateré-Maué. Parintins.

7 Cosmomediação
Unidade e confronto no plano da *anima mundi*

Gil Duque

Há pouco tempo tive a oportunidade de conhecer uma jovem que regressava de um longo período de permanência na região do Parque Indígena do Xingu. Fazia parte de um grupo heterogêneo de pesquisadores e artistas e, como arquiteta, realizava uma pesquisa sobre a bacia hidrográfica do Rio Xingu e os impactos ambientais da megabarragem de Belo Monte. Esta barragem, que está sendo finalizada na região da Volta Grande no Médio Xingu, na visão de muitos ambientalistas e de Sebastião Salgado, "É uma ameaça enorme para a floresta, para o rio e para as populações indígenas. Se o projeto for de fato concluído será, sem dúvida, um dos maiores crimes ambientais de nossa época" (SALGADO, 2014: 110). Pois esta jovem, ainda fortemente mobilizada pela experiência de convívio com os indígenas, ao relatar-nos e mostrar as belas imagens de sua jornada, falou que, no período em que permaneceu em uma aldeia Kayapó (Mebêngôkre) havia um grupo de pajés de diversas aldeias que, totalmente reservados e isolados em uma maloca, mantinham-se por dias a fio realizando rituais de "cosmomediação", os quais, segundo a informaram, tinham por objetivo tentar reverter o processo de instalação da usina. Perguntei mais detalhes sobre o que seria essa cosmomediação realizada pelos pajés e ela disse não ter conseguido saber mais nada, mas que havia o entendimento de que eles buscavam, com isso, lidar com os conflitos que estavam vivendo com o homem branco não apenas no plano físico, mas também no mundo dos espíritos.

Essa noção de que o conflito com os brancos, cujo governo e empresas estavam invadindo e ameaçando suas terras e seu modo de vida, não se tratava apenas de uma demanda no plano físico, mas sim também (e, talvez, principalmente, para eles) de um confronto de forças nos mundos invisíveis, chamou-me a atenção. Fez-me pensar na afirmação de Paulo de Tarso: "Nossa luta não é contra o sangue e a carne, e sim contra os principados e potestades, contra os dominadores deste mundo tenebroso, contra as forças espirituais do mal, nas regiões celestes" (Ef 6,12). Quando Paulo, o mais gnóstico dos apóstolos "oficiais" me veio à mente, não foi no sentido evangélico, e sim no sentido mágico e oculto de seu ensinamento. Alguns psicólogos poderiam alegar que Paulo se referia ao inconsciente e seus aspectos sombrios, e não a eventos no mundo "real". Mas se pensarmos na natureza psicoide dos arquétipos e complexos e nos fenômenos de sincronicidade, como nos ensina Jung, podemos imaginar que a separação entre o inconsciente e a realidade concreta não é tão efetiva quanto se pensa. Entendemos, sim, que, em determinadas condições, complexos e expressões naturais com elevados níveis de energia podem influenciar eventos e situações concretas. Coincidências significativas, conexões acausais e numinosidade, os três elementos-chave relacionados aos fenômenos de sincronicidade, podem ser entendidos como expressões naturais tanto dentro do *unus mundus* alquímico quanto na física subatômica: "Um mundo de relações antes que de objetos; ou seja, contemplam a interconectividade de todas as coisas, em que processos interativos aparecem como mais fundamentais do que partículas discretas" (CAMBRAY, 2013: 32, 37).

A visão que separa o individual do coletivo, o mundo invisível da realidade visível e que dissocia espírito, alma e matéria, não faz parte do mundo dos pajés e tampouco do mundo dos "filhos da alma", sobre o qual nos fala Hilmann (2010: 81): "Dizer 'filho da alma' é falar de modo renascentista, [...] uma visão que não exclui nada dos interesses do mundo porque a psique inclui o mundo – há alma em todas as coisas". Os povos indígenas, ainda sob a orientação de seus pajés, vivem, pensam e atuam como filhos da alma, são filhos diretos de seus ancestrais divinos e irmãos de toda a criação, aos quais recorrem em seus momentos de dificuldade.

Orlando Villas-Bôas, em nota explicativa na introdução de seu livro *A arte dos pajés – Impressões sobre o universo espiritual do índio xinguano*, apresenta-nos uma realidade onde testemunha que: "Há na cultura indígena uma total dependência da criatura com o mundo sobrenatural. Suas concepções podem parecer estranhas, porém mais estranhas ainda são as histórias que presenciamos" (VILLAS-BÔAS, 2000: 5). Ele nos fala de um complexo universo de relações entre homens, animais, plantas, rios e paisagens no qual participam ativamente uma miríade de entidades invisíveis junto às quais somente os pajés e iniciados conseguem atuar. E é importante observar que, dentro de uma perspectiva cosmológica,

> Nossos índios, de qualquer um dos quatro grandes troncos linguísticos a que pertencem, quando analisados em seu comportamento e visão do mundo, poderiam ser considerados como uma só nação, embora se diferenciem na expressão linguística. Seus ritos e cerimoniais, no fundo e na forma, referem-se aos mesmos valores. Há, num aspecto geral, a mesma semelhança psicológica e temperamental (VILLAS-BÔAS, 2000: 27).

Essa afirmação nos traz a percepção de que os povos indígenas, não só os do Brasil, apesar de pertencerem a tantas etnias com linguagem, mitos e ritos diferentes, compartilham um mesmo fundamento cosmológico. Suas diversas cosmologias compartilham a noção de um mundo "almado", onde seres humanos, seres não humanos, natureza e entidades invisíveis formam um todo indivisível e integrado por um princípio ou "inteligência" imanente (KOPENAWA, 2015: 473). Essa noção também iremos encontrar nas concepções de *anima mundi* dos neoplatônicos, alquimistas e monges tibetanos, conforme nos relata um surpreso Villas-Bôas, após sua conversa com o índio Arru:

> Arru chegara do mato cansado da caminhada e, encontrando-se na aldeia, sentou-se ao nosso lado. Não havia muita coisa a conversar. [...] Foi por isso que ele, olhando para os lados, para o chão e depois para o céu, disse:
> – Pen ivát (Lá é o céu).
> – Ié aquarráp (Eu já sabia – respondemos).
> – Pen umaô retãm (Lá é a aldeia dos que morrem).
> – Ié aquarráp (Eu já sabia).
> Depois de um breve intervalo, e de olhar bastante elevado para o céu, falou:

- Pen ivát, ivát uamaé (Lá no céu do céu... ela está lá).
Fomos tomados de surpresa. Céu do céu... O que viria a ser isso? Ela está lá? Ela quem? A figura de um índio velho? Daí perguntamos:
- Avá? Murá aquarrapáp anhã? (Quem, um índio velho que sabe tudo?)
- Anité auá, pen aquarrapáp ateté! (Não! - pronunciado com veemência -, somente uma Sabedoria!)
E, com um gesto largo abrangendo o sol e o céu, deu-nos a ideia de que lá havia somente uma sabedoria, que, tal qual a concepção das seitas tibetanas, mantém a harmonia do universo. Teria o índio, em sua introspecção, a mesma visão daqueles sábios? (VILLAS-BÔAS, 2000: 89).

O índio é um teósofo

É ainda Orlando Villas-Bôas que, saindo do papel do branco entre ingênuos primitivos, nos afirma sobre a Cultura Xinguana: "Não podemos reduzir nossas proposições sobre a complexa cultura indígena, que fala numa sabedoria que lá do alto equilibra a harmonia do universo. Não pode ser a concepção simplista, e chocante, da existência de 'heróis culturais' que vigiam, orientam e conduzem os índios" (VILLAS--BÔAS, 2000: 26).

Imaginamos que o antropólogo ficaria ainda mais surpreso se conhecesse o antigo mito que fala da *Pistis Sophia*, a grande Sabedoria que vive no Céu do céu (o *Pleroma*) e sofre uma queda. Nesse mito há uma divisão na natureza de Sophia onde seu ser superior e essencial permanece na luz da plenitude e o ser inferior fica aprisionado no mundo inferior, na matéria, na alienação (HOELLER, 2005: 51). Esse mito gnóstico é muito apreciado por Jung, o qual afirma que, sendo Sophia a mãe do mundo e de toda a criação, sua busca interior, como verdade interna, é uma "*dira necessitas* (uma necessidade implacável): "Aquele que tudo sabe" não podia mais se comprometer com um homem inconsciente e despreocupado. A autorreflexão torna-se uma necessidade imperiosa, e, para isso, precisa da Sabedoria" (JUNG, 2012: 617).

É frequente encontrarmos entre os índios mitologemas que falam da queda do céu, da separação entre os homens e seus ancestrais espirituais e do retorno à plenitude através da experiência interior e da sabedoria. Para eles, a alma do mundo é uma realidade, estamos imersos nessa sabedoria mesmo sem reconhecê-la, e o contato com o espírito só pode ser experimentado internamente, como afirmam Jung e os gnósticos, e não através de doutrinação ou projeções. E é nesse sentido que Villas-Bôas afirma que "O índio é mais um teósofo do que um teólogo. Isso porque sua concepção de divindade é fruto de uma introspecção em que a fé deve nascer da intuição, e não da doutrinação de outrem" (VILLAS-BÔAS, 2000: 26).

Na cosmovisão guarani o *Pleroma* aparece como Ñamandu, o pai primeiro, o imanifestado; é dele que surge o Grande Som Primeiro – *Tupã Tenondé* – do qual emana toda a criação e os seres humanos na forma de "sons primordiais" (JECUPÉ, 2001: 33). Após sua concepção, é o apego cada vez maior à materialidade que leva a humanidade, em quatro ciclos sucessivos, a esquecer-se de seu som primordial, que é seu ser mais interior (*Self*). E, ao esquecer sua origem sagrada, o ser humano se torna prisioneiro de *Mara-ney*, a Terra de Provas, afastado de sua origem ancestral *Yvy Mara Ey*, a Terra sem Males ou a Terra-Céu (DUQUE, 2014: 242). Nesse sentido, a *dira necessitas* guarani se equivale à de Sophia, na qual, através da experiência do exílio, deve reencontrar seu próprio som primordial, núcleo profundo do ser. O próprio termo *Tupy* significa *tu* (som) e *py* (de pé, assentado), onde Tupy é o som-de-pé, o ser humano integral, que tornou-se consciente do Si-mesmo (JECUPÉ, 2001: 79).

Outra tradição que alude à Terra-Céu é a dos Kayabis, que diz que "toda criança que nasce tem dois pais. Um é seu pai físico. O outro é o *Maiti*, o mais importante, pois é o autor de sua individualidade, a *Iã-catú* (alma boa)" (VILLAS-BÔAS, 2000: 44). Os Maitis, os divinos pajés lá de cima, partiram da terra para o céu para poder entoar seus cantos sagrados sem serem incomodados, mas continuam olhando, lá de cima, para seus parentes na terra. Ao nascer uma criança, o pai *Maiti* precisa conhecê-la; então, se faz um ritual onde os homens, em círculo e de mãos dadas, inclinam a cabeça para um mesmo lado e entoam solenemente um canto sagrado conduzido pelo pajé. A criança nascida, no colo da mãe, no centro do círculo, é por ela levantada para o alto, muitas vezes, para que o pai *Maiti*, lá do alto, possa vê-la.

Conflito, catequese e conversão

A palavra *catequese* vem da palavra grega *katēcheō*, que significa simplesmente ensinar ou instruir; mas, em nossa história, foi usada para denominar um dos aspectos da política de dominação realizada pelo branco invasor sobre os nativos do "novo" continente. É notório que essa dominação violenta, durante muitos séculos, foi realizada sob a égide dos poderes espirituais e religiosos dos conquistadores. Apoiados em uma doutrina sectária e restrita, os padres da Igreja trouxeram a legitimação do massacre dos nativos e sua cultura; ou se catequizavam, aceitando os valores ditos espirituais dos invasores, ou eram exterminados e enviados ao inferno na condição de bestas ferozes.

O famoso catequista Padre José de Anchieta, jesuíta espanhol canonizado pelo Papa Francisco em 2014, é chamado de Apóstolo do Brasil. Mas cremos que esse epíteto só lhe caberia em um Brasil sem indígenas, mormente os não catequizados, pois no país em que buscamos viver não poderíamos aceitar os versos escritos em seu poema *De Gestis Mendi de Saa*, escrito em 1560:

> Alçava-se mais e mais a coragem do chefe e de seus bravos; derrubam a golpes mortais muitos selvagens. Ora decepam braços adornados de penas de pássaros, ora abatem com suas reluzentes espadas as altivas cabeças, rostos e bocas pintadas de vermelho de urucum [...]. Perto do mar ressoa o estrondo vibrante, enfurece horrendo na praia o soldado matando e enterrando vitorioso na areia corpos aos montes e almas no inferno [...]. Meus triunfadores, disse o chefe [...], ou exterminamos de uma vez por todas essa raça felina com a ajuda de Deus, ou nos sepultaremos gloriosamente na areia [...]. Se seus soldados fossem mais crentes, mais viris seus braços. Se nos peitos lhes fervesse um sangue mais quente, esse dia de ruína chegaria para esses selvagens, lançando-os nas sombras do inferno [...] cento e sessenta aldeias incendiadas, mil casas arruinadas pelas chamas devoradoras, assolados os campos com suas riquezas, todos foram passados a fio de espada (SOUZA, 2015: 64-65).

Esses versos descrevem, de maneira emblemática, a atitude predominante do conquistador, que, no litoral brasileiro (exemplo acima), dizimou totalmente povos como os antigos Tupinambás.

Tzvetan Todorov em seu livro *A conquista da América – A questão do Outro*, ajuda-nos a ter uma dimensão desse conflito em nível continental. Ele fala do extermínio de 70 milhões de pessoas, indígenas americanos: "Nenhum dos grandes massacres do século XX pode se comparar a essa hecatombe" (TODOROV, 2003: 191).

Porém, no interior do Brasil, e principalmente na Floresta Amazônica, a conquista se deu de forma um tanto diferente. Conforme Márcio Souza, diferente do que ocorreu no Extremo Oriente, os portugueses jamais haviam se deparado com um conflito de tamanha proporção como o que ocorreu no Brasil. E se, no litoral, em função das condições de geografia e ambiente, os indígenas foram massacrados, na Amazônia ele se tornou crônico e, podemos dizer, perdura até a atualidade:

> Milênios de uma cultura formada no trato da selva chuvosa dos trópicos separam os povos indígenas dos europeus. Por isso o contato jamais seria pacífico, e uma coexistência bem-sucedida se tornaria impraticável em terras brasileiras. E o fato de as culturas indígenas transitarem satisfatoriamente pelas terras tropicais, obrigando o branco europeu a acatá-las em seus métodos de sobrevivência e trato com a realidade, já era um ultraje inconsciente para o cristão civilizado. Nenhum relato esboça qualquer referência quanto a esta **supremacia cultural do índio** [grifo meu]. Por isso, as culturas indígenas deveriam ser erradicadas, e os povos de Pindorama destribalizados e postos a serviço da empresa colonial (SOUZA, 2015: 63).

Considero da maior importância essas observações que evidenciam a supremacia da cultura dos povos da floresta no trato sustentável com o ambiente em que vivem. Fato este cada vez mais comprovado não só por descobertas arqueológicas recentes, mas sobretudo por estudos atuais sobre economia e agricultura sustentável, que apontam para a efetividade das práticas tradicionais no manejo das riquezas da floresta. A questão da superioridade da cultura indígena no trato com a natureza e com outros aspectos da vida escapa ao objetivo deste trabalho, mas cabe aqui ressaltar que essa condição se relaciona diretamente à cosmovisão que norteia sua atitude frente ao mundo e à natureza como um todo.

No sentido do reconhecimento da alteridade e do valor humano dos nativos do novo mundo, considero importante ressaltar que, no período das invasões europeias, alguns poucos homens brancos se destacaram na defesa dos indígenas. E o elemento comum em suas trajetórias seria o que poderíamos chamar de uma "conversão" no sentido de uma profunda experiência psíquica vivenciada por esses colonizadores junto aos nativos. Uma verdadeira conversão espiritual que os levou a uma nova concepção sobre os nativos e seu modo de vida ou, talvez, ao reforço de uma visão humanista e espiritual, já existente em sua cultura, que encontrou, no contato com a alteridade, com um outro tão diferente quanto o índio, uma possibilidade de transformação e aprofundamento. Dois valiosos exemplos a serem conhecidos de europeus que, durante suas vidas, lutaram em defesa dos nativos, são Bartolomeu de Las Casas (Sevilha, 1474-Madri, 1566) e Álvar Nuñez Cabeza de Vaca (Xerez da Fronteira, 1488-Sevilha, 1558).

Segundo Todorov, é o Padre Las Casas que introduz o "perspectivismo" no seio da religião, ao abordar a questão da religião dos nativos astecas no debate de Valadolid em 1550. Para ele "Todos os seres humanos têm conhecimento intuitivo de Deus, isto é, daquilo que é maior e melhor que tudo" e também que "Os homens adoram a Deus de acordo com suas capacidades, e cada um a seu modo, tentando sempre fazer o melhor possível" (TODOROV, 2003: 270-275). Esse entendimento faz com que ele defenda o modo de ser e a atitude dos indígenas frente aos sacrifícios humanos; os quais, abominados pelos espanhóis, eram usados como argumento para subjugar e maltratar os nativos.

O sentimento religioso não se define por um conteúdo universal e absoluto, mas por sua orientação, e mede-se por sua intensidade; assim, mesmo que o Deus cristão seja em si uma ideia superior à que se expressa através de Tezcatlipoca (é o que crê o cristão Las Casas), os astecas podem ser superiores aos cristãos em matéria de religiosidade, e de fato o são. "As nações que ofereciam sacrifícios humanos a seus deuses mostravam assim, como idólatras desorientados, a alta ideia que tinham da excelência da divindade, do valor dos deuses, o quanto era nobre, e grande sua veneração pela divindade. Demonstraram, consequentemente, que possuíam, mais do que as outras nações, a reflexão natural, a retidão da palavra e o julgamento da razão; melhor do que as outras usaram seu entendimento. E em religiosidade superaram todas as outras nações, pois são as nações mais religiosas do mundo que, para o bem de seus povos, oferecem em sacrifício seus próprios filhos" (*Apologetica historia*, III, 183). No interior da tradição cristã só os mártires dos primeiros tempos, segundo Las Casas, podiam se comparar aos fervorosos astecas (TODOROV, 2003: 276).

É importante citar que Las Casas passou, nos períodos em que se deslocou entre a América e a Europa, por diversas crises e transformações. Como afirma Todorov (2003: 270), é apenas no final de sua vida, quando se torna dominicano e tem uma "segunda conversão", que ele nos fornece um "exemplo de amor pelos índios". Nesse momento é que nos mostra uma nova forma de amar o outro:

> Um amor não mais assimilacionista, mas, de certo modo, distributivo: cada um tem seus próprios valores; a comparação só pode ser feita no nível das relações – entre o ser e *seu* deus – e não no nível das substâncias: só há universais formais. Embora afirme a existência de um único deus, Las Casas não privilegia *a priori* a via cristã para chegar a ele. A igualdade já não é estabelecida à custa da identidade, não se trata de um valor absoluto: cada um tem o direito de se aproximar de deus pelo caminho que lhe convier. Não há mais um verdadeiro Deus (o nosso), mas uma coexistência de universos possíveis: se alguém o considerar verdadeiro [...] Las Casas, sub-repticiamente, deixa a teologia e passa a praticar uma espécie de antropologia religiosa, o que, nesse contexto, é realmente subversivo, pois parece que quem assume um discurso sobre a religião dá um passo em direção ao abandono do próprio discurso religioso (TODOROV, 2003: 276-277).

Esse padre dominicano, filho de um modesto comerciante andaluz, participou da segunda viagem de Colombo e foi o primeiro religioso cristão a ser ordenado na América. Impressiona-nos a ousadia, a universalidade e a atualidade de seu legado, fruto de um coração que se abriu para o Novo Mundo.

Álvar Nuñes Cabeza de Vaca, fidalgo e conquistador espanhol, contemporâneo de Las Casas, teve experiências mui distintas daquelas do religioso. De Vaca chega pela primeira vez em terras americanas aos 39 anos de idade, quando, em 1527, participa de uma expedição malsucedida nas costas da atual Flórida. Dos quase quinhentos homens que participaram dessa expedição, apenas três deles, liderados por Cabeza de Vaca, conseguem sobreviver e voltar à Espanha em 1537. Foram inúmeros naufrágios, várias fugas e confrontos contra os nativos e três anos de escravidão em poder dos índios. Eles atravessaram toda a América do Norte, a maior parte do tempo descalços e seminus; e foram os primeiros homens brancos a cruzarem o Oeste Americano, conhecerem os bisões, atravessarem o Rio Grande e pisarem nas costas do Oceano Pacífico (CABEZA DE VACA, 1999: 12). Nesse percurso que durou ao todo oito anos, De Vaca deixa de ser prisioneiro e se torna um curandeiro, um xamã, que, ao chegar ao México, é acompanhado por uma multidão de quase quatro mil índios (CABEZA DE VACA, 1999: 16-17, 88). Em determinado momento de sua jornada, premidos não só pela necessidade de sobreviver, mas também pela enorme compaixão que desenvolvem pelos sofridos indígenas que pedem auxílio, esses homens passam a realizar verdadeiros milagres de cura. Fenômenos psicofísicos e "espirituais", sincronicidades que emergem dentro de uma grande tensão, no encontro de duas culturas beligerantes que se comportam como antípodas. Ao benzer, impor as mãos, rezar e criar rituais sincréticos, meio imitando os xamãs nativos, eles, movidos por imensa fé e gratidão no Deus cristão, criam e se convertem a uma nova visão e sentimentos híbridos, inteiramente constituídos em terras americanas – uma verdadeira cosmomediação.

É impressionante a narrativa que consta dos relatos de viagem de Cabeza de Vaca. No livro *Naufrágios e comentários*, publicado na Espanha em 6 de outubro de 1542, encontramos não só os relatos de sua passagem pela América do Norte, mas também pelo Brasil, Paraguai e Argentina. Em função de seu conhecimento dos indígenas, ele é enviado como governador-geral e adiantado da Capitania do Rio da Prata (CABEZA DE VACA, 1999: 121). E é em terras brasileiras, após fazer amizade com os guaranis, que Cabeza de Vaca percorre o caminho indígena de Peabiru, que parte de Cananeia em direção ao Peru (CABEZA DE VACA, 1999: 19). Foi o primeiro europeu a descrever as Cataratas do Iguaçu e a explorar o curso do Rio Paraguai. Estabeleceu em Assunção e na capitania "uma nova política indigenista que proibia a escravidão e o abuso contra o gentio guarani", punindo severamente seus compatriotas que a desobedecessem (CABEZA DE VACA, 1999: 20). Essa atitude, se por um lado resultou em uma bem-sucedida campanha de pacificação das tribos vizinhas, por outro lhe trouxe inimigos mortais entre os colonizadores. Após retornar, combalido, de uma malsucedida expedição ao Pantanal Mato-grossense, De Vaca é subjugado por colonos amotinados. Esses antigos subordinados lançam sobre ele inúmeras acusações falsas e o aprisionam por quase um ano. Depois, o mandam de volta à Espanha, onde foi julgado e exilado na África.

Sobre esse homem, Eduardo Bueno afirma:
> Caso suas estratégias de ação tivessem encontrado eco entre os demais conquistadores, o genocídio dos povos indígenas, as dificuldades pelas quais passaram os próprios colonizadores e talvez até a destruição dos ambientes selvagens, tudo poderia

> ter sido evitado. Hoje, enquanto as florestas tombam e os povos indígenas da América vão sendo rapidamente aculturados ou extintos, a utopia de Cabeza de Vaca – na medida em que se torna cada vez mais inalcançável – revela-se inteiramente plausível. [...] O desmantelamento do projeto de Alvar Nuñes Cabeza de Vaca de estabelecer um governo igualitário nos confins da América do Sul e fundamentar as bases de uma política indigenista infinitamente mais ética do que a de seus contemporâneos marcaria muito mais profundamente os destinos do continente. [...] Arruinou-se assim a utopia do homem que chegou à América disposto a ensinar o mundo a conquistar "pela bondade, não pela matança" (CABEZA DE VACA, 1999: 15, 23-24).

Mas devemos entender que a utopia de Cabeza de Vaca se constrói sobre uma transformação psíquica na qual ele é levado a encarar de frente e superar o terrível complexo cultural do colonizador explorador e homicida, diante do qual nós, cinco séculos depois, ainda recuamos. Em sua jornada de privações entre os índios, ele afirmou que o mais difícil "era abandonar pouco a pouco os pensamentos que vestem a alma de um europeu, e mais do que tudo a ideia de que o homem adquire força através do punhal e da adaga". Surpreende-nos que um homem formado com guerreiro e conquistador pudesse, como um Cândido Rondon de sua época, dizer: "Ensinarei o mundo pela bondade e não pela matança!" (CABEZA DE VACA, 1999: 8). Ao reencontrar um grupo de compatriotas seus que tinham devastado a terra, maltratando e escravizando índios, teria dito: "Ao encarar estes saqueadores fui compelido a encarar o cavaleiro espanhol que eu mesmo tinha sido há oito anos" (CABEZA DE VACA, 1999: 9).

Henri Miller, no prefácio da edição americana das narrativas de Cabeza de Vaca, afirma que sua "conversão não foi apenas profunda e completa, mas viva em sua consciência, a um grau quase intolerável de se ler", e, ao se deparar com a incredulidade dos leitores diante dos milagres descritos no livro, questiona:

> Afinal, se De Vaca e seus homens são considerados suspeitos, que dizer então dos poderes efetivos dos xamãs? O que me parece evidente é que os europeus civilizados de quatro séculos atrás já haviam perdido algo que os índios ainda possuíam – e, em determinadas regiões possuem ainda. Nenhum de nossos pajés modernos, apesar da "superioridade" de seu conhecimento e equipamento, é capaz de realizar curas milagrosas. Parece ter sido esquecido que os espanhóis adquiriram seus poderes para curar quando suas vidas estavam ameaçadas. Se tivessem sido hábeis e perspicazes observadores das práticas dos xamãs, teriam explorado esses poderes antes de atingirem tal extremo. Nada pode ser explicado ao, simplesmente, atribuir-se seu sucesso parcial ou provável a "um novo procedimento, desconhecido e incrível". Estamos interessados é em saber como e por que esses métodos funcionavam e, se funcionavam, por que agora já não funcionam? (CABEZA DE VACA, 1999: 9-10).

Ao afirmar que os civilizados perderam algo que os índios ainda possuem, Miller toca em uma questão atualíssima e crucial para nós. Ele aponta para a necessidade de nos abrirmos para a cultura indígena, de aprendermos com eles a nos reintegrar na alma do mundo.

A pacificação do branco

Se procurarmos, vamos encontrar, além dos emblemáticos Las Casas e Cabeza de Vaca, inúmeros relatos da conversão de brancos "civilizados" após o contato com os índios. Livros, narrativas e filmes nos mostram, de maneira mais ou menos romântica, a história de exploradores, soldados, antropólogos ou gente comum que são "pacificados" pelos indígenas e modificam profundamente sua percepção do mundo e de si mesmo.

Segundo nos ensina Kaka Werá Jecupé em seu livro *A terra dos mil povos*, em 1784, um pajé do povo Xavante (adepto do caminho dos sonhos), teve o sonho da "pacificação do branco", que foi narrado para todos em um ritual no pátio central da aldeia. Nesse sonho, que mostrou que era chegada a hora de se buscar o "amansamento do homem branco", participaram "muitos espíritos dirigentes da natureza, inclusive *Wahutedew'á* (o espírito do tempo). E a mensagem dizia que um novo ciclo estava se iniciando no mundo espiritual e que no mundo-terra haveria de se lutar ao lado dos ventos, enquanto os ritos cuidavam das sementes do renascimento das tribos" (JECUPÉ, 1998: 56-57).

Dentro dessa ideia, uma situação que nos chama a atenção foi a visita do médico suíço C.G. Jung aos índios Pueblo (Hopi) no sudoeste dos Estados Unidos, acontecida em 1925. Mesmo classificando os indígenas como povos primitivos, pertencentes a um nível cultural menos evoluído, Jung estava consciente de sua necessidade de se livrar das limitações impostas pela consciência cultural do homem branco (JUNG, 1983: 219). Ele conhece o líder espiritual e ancião do pueblo Taos, Antonio Mirabal, conhecido como Ochwiay Biano – o Lago da Montanha. O encontro foi providenciado por um amigo americano de Jung, e ele ficou, com sua comitiva, quase duas semanas na região. Segundo Deirdre Bair, o que Lago da Montanha contou a Jung era "superficial e discreto, pouco mais do que generalidades agradáveis e já sabidas do público em geral"; mesmo assim, a figura do xamã causou profunda impressão no médico suíço; este afirmou que estar com ele "tinha a extraordinária sensação de que estava falando com um sacerdote egípcio do décimo quinto século antes de Cristo" (BAIR, 2006: 433).

Um aspecto que Ochwiay Biano apontou, em seus diálogos com Jung, foi que o branco pensava com a cabeça, e não com o coração: "Pela primeira vez na minha vida alguém me dera uma verdadeira imagem do homem branco. [...] Esse índio encontrara nosso ponto vulnerável e pusera o dedo naquilo que somos cegos" (JUNG, 1983: 219). E esse reconhecimento fez com que ele afirmasse: "Àquilo que damos o nome de civilização, missão junto aos pagãos, expansão da civilização etc. tem uma outra face, a de uma ave de rapina cruelmente tensa, espreitando a próxima vítima, face digna de uma raça de larápios e piratas" (JUNG, 1983: 220). Nesse ponto, Jung toca no complexo cultural do colonizador e fala da importância de se preservarem os "segredos" e a cultura dos índios, que lhes dá "coesão e unidade", e afirma: "Senti que há uma certeza: os pueblos, como coletividade personalizada, subsistirão na medida em que conservarem seus mistérios, ou enquanto esses não forem profanados" (JUNG, 1983: 221). E é um europeu comovido que reconhece, como Henri Miller, o quanto a civilização perdeu e se "des-integrou" frente à cultura indígena:

> Compreendi, então, sobre o que repousava a "dignidade", a certeza serena do indivíduo isolado: era

> um filho do Sol, sua vida tinha um sentido cosmológico: não assistia ele a seu Pai – que conserva toda vida – em seu nascente e poente cotidianos? Se compararmos a isso nossa autojustificação, ou o sentido que a razão empresta à nossa vida, não podemos deixar de ficar impressionados com nossa miséria. Precisamos sorrir, ainda que de puro ciúme, da ingenuidade dos índios e nos vangloriarmos de nossa inteligência, a fim de não descobrirmos o quanto nos empobrecemos e degeneramos. O saber não nos enriquece; pelo contrário, afasta-nos cada vez mais do mundo mítico, no qual, outrora, tínhamos direito da cidadania (JUNG, 1983: 223).

Essa foi a "pacificação" do médico e psicólogo europeu, realizada junto aos Hopi. Não foi uma conversão, como anteriormente observamos, talvez em função do pouco tempo, das condições em que o contato se efetuou, ou de suas próprias resistências. É sabido que Jung se preocupava em manter-se, dentro do possível, em seu papel de pesquisador e cientista. Mesmo aceitando francamente o diálogo e a aproximação com os nativos, havia nele o receio de *"going black under the skin"*, pois, como ele mesmo admitiu, naquele momento "eu não estava preparado para encontrar, em mim, forças inconscientes que assumiriam com tal intensidade a causa desses outros homens, a ponto de desencadear um violento conflito" (JUNG, 1983: 217). Pela reação de Jung nesse ponto podemos imaginar que ele recuou diante do conflito no qual teria de encarar seus complexos culturais de europeu colonizador, cuja integração poderia levá-lo a assumir a causa desses outros homens, tal como ocorreu na conversão de Cabeza de Vaca. Ao falar das forças que se identificariam com esses "outros homens", Jung fala de sua alteridade interior, um outro homem em si, o qual muitas vezes se apresentou a ele, em sonhos ou visões, na forma de um indígena ou um nativo de outra cultura.

Psicologia, cosmovisão e cosmomediação

Ao tentarmos ampliar a noção de cosmomediação partindo do relato dos xinguanos, queremos mais do que fazer um mero exercício de imaginação. Entendemos, sim, que a guerra secular e intermitente movida contra os indígenas nas Américas tem por fundamento complexos coletivos e culturais profundamente arraigados em nosso inconsciente. Para melhor entendimento necessitamos compreender a noção alquímica do homem como um microcosmo diretamente relacionado com o cosmos ao qual pertence, de maneira que determinados conflitos e complexos, que subjazem em nosso mundo interior, relacionam-se diretamente com conflitos e complexos que se desencadeiam externamente – "assim como é em cima é embaixo, e como é dentro é fora". A psicologia profunda sabe disso e os pajés também; por isso, existe a necessidade real de se realizar uma cosmomediação, conforme cada um, em sua cultura, a compreenda. Não creio possamos ter, em função de nosso distanciamento da alma do mundo, a mesma competência dos pajés como mediadores no plano espiritual. Nossa competência é, antes, com conceitos, informação, tecnologias, produtos de síntese e armas letais. O fato é que, como apontou acima Henri Miller, nós perdemos, há muito tempo, algo que os índios ainda possuem.

Quando falamos nos complexos culturais relacionados ao colonialismo e ao holocausto indígena nos situamos dentro da perspectiva dos invasores, ou seja, da cultura dominante;

mas, como será esse complexo cultural para os povos indígenas subjugados? Que formas de medo, pavor, desesperança e ódio não deverão estar relacionadas aos complexos coletivos desses grupos? E como elaborar a noção de que, no plano do inconsciente coletivo, no macrocosmos, todos os complexos, quer sejam brancos, vermelhos ou negros, se relacionam?

Surpreende-nos a maneira como o povo indígena está, já algum tempo, elaborando e lidando com seus complexos e suas dificuldades junto aos *napë* – inimigos, como falam os yanomani (KOPENAWA, 2015: 610).

Jekupé nos ensina que o sonho de pacificação dos brancos é um sonho-memória (entendido como mito por nós, que não compreendemos sua natureza), que se constela como uma intenção, um trabalho sustentado e desenvolvido por grupos de pajés no mundo espiritual, há diversas gerações. Ele aponta como frutos dessa atividade o surgimento de brancos pacificados, aliados dos índios e da natureza, além de uma mudança gradual nas atitudes e nas políticas do homem branco:

> Mas a tarefa de pacificar o branco não era tão simples, pois conforme as civilizações [...] do mundo progrediam em sua ciência e tecnologia, avançava também sua capacidade de violentar a Terra. [...]
> A dança foi doutrinando a pacificação pelo sonho. De modo que foram colocados à frente de empreitadas de conquista seres de corações mais flexíveis, como os irmãos Villas-Bôas, que, embora seguissem sua missão de alastrar caminhos para sugar as veias sagradas da Mãe Terra, não promoveram chacinas ou genocídios. Avanços que em tempos antigos custariam a vida de milhares de índios foram feitos sem violência. Mas o avanço continuava, embora os cantos e as rezas conse-

guissem manter a tradição preservada no Parque Nacional do Xingu, na Amazônia, e em alguns lugares sagrados do Mato Grosso (JECUPÉ, 1998: 58, 59).

Podemos entender o que nos aponta esse escritor indígena se nos lembrarmos, como foi dito acima, que na cultura indígena há uma total dependência entre a criatura e o mundo sobrenatural. Esse fato nos faz perguntar se o movimento que observamos partindo dos índios, nas últimas décadas e atualmente, de divulgação de seus valores culturais e participação política e social, seria somente uma estratégia coletiva de sobrevivência e adaptação. Seria ele também fruto do trabalho de pacificação dos brancos, dessa cosmomediação, há muito urdida silenciosa e pacientemente pelos pajés?

No sentido da psicologia analítica, Jung relaciona atitude com cosmovisão (*Weltanschauung*), onde afirma que "com a imagem que o homem pensante forma a respeito do mundo ele modifica também a si próprio" (JUNG, 2000: 696). Mais adiante ele fala da importância da psicologia analítica ao auxiliar o homem ocidental no desenvolvimento de uma cosmovisão e uma atitude que o reaproxime da natureza e do Si-mesmo, em busca de sua totalidade. É nesse ponto que ele mostra a necessidade de desenvolvermos uma consciência capaz de traduzir o "material bruto" e sem sentido do inconsciente na "linguagem do presente":

> Se essa tradução for bem-sucedida, o mundo tal qual o concebemos será unido de novo à experiência primordial da humanidade, através do símbolo de uma cosmovisão; o homem histórico e universal estenderá a mão ao homem individual recém-nascido. Será uma experiência que se aproxima-

rá daquela do primitivo que se une ao seu ancestral *totem* por meio de uma refeição ritual (JUNG, 2000: 738).

Kaka Werá Jecupé, Daniel Murukundú, Ailton Krenak e Davi Kopenawa, entre outros, são exemplos atuais de militantes e escritores indígenas profundamente comprometidos com a divulgação e o ensino dos valores culturais e espirituais indígenas em nossa sociedade. Não mais apenas no sentido da importante luta por suas terras e modo de vida, mas cada vez mais na luta pela saúde do planeta. Junto com eles, um grande número de antropólogos e estudiosos dedica-se a possibilitar o "renascimento da ancestralidade indígena na alma brasileira".

Como vimos acima, essa ancestralidade traz, em seu fundamento, uma cosmovisão tão antiga quanto revolucionária, tão simples e profunda quanto necessária, uma cosmovisão que, partindo do coração, nos possibilita sabermo-nos integrados material e espiritualmente à alma do planeta.

A queda do céu

> *Acho que vocês deveriam sonhar a terra, pois ela tem coração e respira* (KOPENAWA, 2015: 468).

Voltando aos mitologemas da separação entre o céu e a terra, os Yanomani apontam para a enorme importância do equilíbrio entre ambos, entre o mundo invisível dos espíritos e o mundo visível onde habitam nossos corpos. Para eles e para muitos outros grupos, é função da humanidade, através dos pajés e seus ritos, sustentar o céu sobre nossas cabeças. Entendemos que essa é uma visão mítica que deve ser respeitada e valorizada por nós. Pois se "traduzirmos" essa noção para uma "linguagem do presente", compreenderemos a importância de nossa atitude consciente frente à grande deterioração e desequilíbrio que observamos atualmente nas relações entre o inconsciente e o mundo visível. As tensões que a humanidade vive internamente estão se refletindo, cada vez mais, em desigualdades sociais, degradação e conflitos entre os humanos e com a natureza. Essas situações estão empurrando o mundo para uma crise espiritual, ética e material sem precedentes; ou seja, o céu de nossos piores complexos coletivos, agora cada vez mais constelados, está literalmente desabando.

Os sábios pajés estão antevendo isso há muito tempo e tentando nos alertar. Mas eles estão morrendo. Nesse momento se torna cada vez mais importante que novos pajés apareçam. Aqueles filhos da alma que, independente da cor de sua pele, compartilhem das cosmovisões ancestrais e possam sonhar e se reaproximar da *anima mundi*, atuando como mediadores nessa crise. Sobre isso nos ensina o Pajé Davi Kopenawa:

> Se continuarem se mostrando tão hostis para conosco, os brancos vão acabar matando o pouco que resta de nossos xamãs mais antigos. E, no entanto, esses homens que sabem se tornar espíritos desde um tempo remoto têm um valor muito alto. [...] Então, quase todos os nossos grandes xamãs morreram. Isso é muito assustador porque, se desaparecerem todos, a terra e o céu vão despencar no caos. É por isso que eu gostaria que os brancos escutassem nossas palavras e pudessem sonhar eles mesmos com tudo isso, porque se os cantos dos xamãs deixarem de ser ouvidos na floresta eles não serão mais poupados do que nós. É verdade.

> Os xamãs não afastam as coisas perigosas somente para defender os habitantes da floresta. Também trabalham para proteger os brancos que vivem embaixo do mesmo céu. É por isso que, se todos os que fazem dançar os *xapiri* morrerem, os brancos vão ficar sós e desamparados em sua terra, devastada e invadida por multidões de seres maléficos que os devorarão sem trégua. Por mais que sejam numerosos e sabidos, seus médicos não poderão fazer nada. Serão destruídos aos poucos, como nós teremos sido, antes deles. Se insistirem em saquear a floresta, todos os seres desconhecidos e perigosos que nela habitam e defendem irão vingar-se. Vão devorá-los com tanta voracidade quanto suas fumaças de epidemia devoraram os nossos. Vão incendiar as suas terras, derrubar suas casas com vendavais ou afogá-los com enxurradas de água e lama (KOPENAWA, 2015: 491-492).

Epílogo

No dia 19/08/2019 na maior cidade das Américas o dia virou noite. Por volta das 15h, nuvens muito negras e sombrias envolveram a cidade de São Paulo e despejaram uma chuva forte, negra e fétida.

Até Venceslau Pietro Pietra, o capitalista industriário que era o gigante Piaimã comedor de gente, teve medo. Talvez Ci, a Mãe do Mato – pródiga amante do herói Macunaíma –, tivesse, lá do céu, ouvido os cantos e os lamentos de seus pajés e mandado, como nunca antes, um claro aviso ao "povo da mercadoria". Seus rios voadores despejaram as cinzas dos corpos queimados e carbonizados das árvores da Amazônia na megalópole do atônito homem branco.

E ninguém poderia beber daquela água negra e contaminada que caía do céu. Nem os filhos do gigante Piaimã, que agora saberiam da agonia dos filhos da floresta.

Referências

BAIR, D. (2006). *Jung*: uma biografia. São Paulo: Globo.

CABEZA DE VACA, A.N. (1999). *Naufrágios & comentários*. Prefácio de Henry Miller e introdução de Eduardo Bueno. Porto Alegre: L&PM.

CAMBRAY, J. (2013). *Sincronicidade*: natureza e psique num universo interconectado. Petrópolis: Vozes.

DUQUE, G. (2014). A tradição guarani e o eterno retorno. In: BOECHAT, W. (org.). *Alma brasileira*. Petrópolis: Vozes.

HILMAN, J. (2010). *O pensamento do coração e a alma do mundo*. Campinas: Verus.

HOELLER, S.A. (2005). *Gnosticismo*. Rio de Janeiro: Record/Nova Era.

JECUPÉ, K.W. (2001). *Tupã Tenondé* – A criação do Universo, da Terra e do Homem segundo a tradição oral Guarani. São Paulo: Peirópolis.

_____ (1998). *A terra dos mil povos* – História indígena brasileira contada por um índio. 3. ed. São Paulo: Peirópolis.

JUNG, C.G. (2012). *Resposta a Jó* – OC, vol. 11/4. 9. ed. Petrópolis: Vozes.

_____ (2000). *A natureza da psique* – OC, vol. VIII/2. Petrópolis: Vozes.

_____ (1983). *Memórias, sonhos, reflexões*. 5. ed. Rio de Janeiro: Nova Fronteira.

KOPENAWA, D. & ALBERT, B. (2015). *A queda do céu*. São Paulo: Companhia das Letras.

SALGADO, S. (2014). *Da minha terra à Terra*. São Paulo: Paralela.

SOUZA, M. (2015). *Amazônia indígena*. Rio de Janeiro: Record.

TODOROV, T. (2003). *A conquista da América* – A questão do outro. 3. ed. São Paulo: Martins Fontes.

VILLAS-BÔAS, O. (2000). *A arte dos pajés* – Impressões sobre o universo espiritual do índio xinguano. São Paulo: Globo.

8 Nós Outros
Um diálogo entre o perspectivismo ameríndio e a psicologia de C.G. Jung

Lygia Aride Fuentes

> *O que, do inimigo, era realmente devorado? Não podia ser sua matéria ou "substância", visto que se tratava de um canibalismo ritual, em que a ingestão da carne da vítima [...], são raras e inconclusivas as evidências, nas fontes que conhecemos, de quaisquer virtudes físicas ou metafísicas atribuídas ao corpo dos inimigos. [...] O que se assimilava da vítima eram os signos de sua alteridade, e o que se visava era essa alteridade como ponto de vista sobre o Eu. O canibalismo e o tipo de guerra indígena a ele associado implicavam um movimento paradoxal de autodeterminação recíproca pelo ponto de vista do inimigo* (VIVEIROS DE CASTRO, 2018).

Sobre antropofagia e assimilação

As palavras de Antonio Risério (PEREIRA & ALEIXO, 1996) servem-me como uma bússola neste texto. Mas não para apoio num encontro com a matriz africana, e sim com a matriz indígena. Não pretendo escrever um texto para acadêmicos e "iniciados" a saberes acessíveis apenas a estudiosos de um assunto que parece ganhar alguma visibilidade nos debates contemporâneos da cultura brasileira. Também me distancio das idealizações "puristas"' e de seu horror às mestiçagens e sincretismos.

Vislumbro uma mesma "grande boca de fome de Exu", encontrada na matriz africana, nessa antropofagia indígena, ressignificada aqui como a boca de Inka, a onça.

Na poesia de Ricardo Aleixo:
> um menino não. Era mais um felino, um Exu afelinado, chispando entre os carros – um ponto riscado a laser na noite de rua cheia – ali para os lados do mercado (PEREIRA & ALEIXO, 1996: 37).

Busco neste texto estabelecer um diálogo junguiano com o "perspectivismo ameríndio" proposto por Eduardo Viveiros de Castro e Tânia Stolze Lima no esforço por considerar a complexidade e gravidade de temas atuais no que diz respeito às relações entre nós não indígenas e as diversas nações indígenas. No centro dessa conversação "antropofágica" estará a pesquisa de Elsje Maria Lagrou: "O que nos diz a arte Kaxinawa sobre a relação entre identidade e alteridade?" (LAGROU, 2002) e o conceito de "assimilação", tão caro à psicologia analítica de Carl Gustav Jung.

O termo antropofagia aponta para a assimilação, não como uma imitação. Não teria sentido falarmos junguianamente de imitação a não ser no sentido proposto por Walter

Benjamin: "A capacidade de imitar, e imitar bem, é, em outras palavras, a capacidade de tornar-se outro" (LAGROU, 2002).

Entendo o "perspectivismo ameríndio" como um empenho por compreender dialogicamente os mundos ameríndios, como expressou Tania Stolze Lima, "a fim de aprender a pensar na presença dos índios" (LIMA, 2018). Esse empenho pode ser uma urgente emergência contemporânea: deixarmos de apenas projetar nossas *sombras* sobre alteridades "primitivas" e "incivilizadas", na pretensão de fixar-lhes uma determinação negativa. Há urgência em tornar possível uma relação dialogal entre os indígenas e nós outros. Para isso é preciso estabelecermos um padrão relacional que consiga encarar as projeções de nossas próprias *sombras*. Pois, numa perspectiva junguiana, é a projeção dessa *sombra* que amordaça a dialogicidade. Isso requer uma complexa transformação, que pode ser tecnicamente expressa como "retirada" ou "dissolução" da projeção que, segundo Jung, tem seus riscos, como veremos, mas é fundamental para a assimilação de tais conteúdos projetados.

Esse processo de retirada da projeção traz os conteúdos, até então cindidos devido à projeção, para a esfera da vivência pessoal e, portanto, para a consciência, significando o resgate de parte daquilo que esteve até então inconsciente e se experimentou como oposição. No entanto, "todo acréscimo de consciência traz consigo o perigo da inflação" (JUNG, 1972: 559), mas também o potencial de nascimento e transformação que se segue à *coniunctio* de opostos, ou seja, à união dos opostos.

A *hybris* em uma consciência inflacionada, sempre egocêntrica, faz com que "o indivíduo só tenha consciência de sua própria presença e é incapaz de aprender com o passado, de compreender o que acontece no presente e de tirar conclusões válidas para o futuro" (JUNG, 1972: 563). Ela hipnotiza a si mesma e, portanto, não é aberta ao diálogo.

As projeções não se deixam classificar de modo maniqueísta, como todas elas sempre más, ou todas elas sempre boas. Elas dizem respeito a valorações negativas e positivas. Assim, o "primitivo" também pode ser associado no nosso imaginário e/ou no inconsciente coletivo à proximidade da fonte originária e da mãe-terra.

A projeção da *sombra* é sempre inconsciente e implica exclusão. A retirada da projeção como condição de possibilidade para uma interação genuinamente dialogal é um exercício de responsabilidade pessoal, relacional e intransferível, mas não se basta como exercício solitário.

O princípio da assimilação requer consciência e reconhecimento do conteúdo excluído e também uma abertura para interferência recíproca. Isso implica aceitar riscos transformadores associados às íntimas relações entre os conteúdos projetados, os sistemas psíquicos e os contextos e ambientes onde estamos inseridos.

Aprendemos com Jung a importância da assimilação dos conteúdos projetados e o seu resultado, o poder da discriminação, condição *sine qua non* de toda consciência. A assimilação, segundo Jung, é "uma interpenetração recíproca de conteúdos conscientes e inconscientes. Não uma avaliação unilateral, uma reinterpretação ou uma distorção dos conteúdos inconscientes pelo consciente" (JUNG, 1987: 327). A ampliação da consciência nos modifica e requer mudança em como agimos no mundo. Jung descreveu que a assimilação é uma tarefa interminável nessa jornada denominada por ele *processo de individuação* e o que nos torna éticos.

Portanto, durante o processo de assimilação, ambos os conteúdos, conscientes e inconscientes, ao se afetarem, transformam-se mutuamente e nos transformam. Segundo Jung, esse processo demanda coragem de enfrentamento e empenho da consciência, mesmo havendo resistências contrárias a tal exercício por parte do *ego*. Mas o processo é, ao mesmo tempo, regido por forças interiores, numa busca de equilíbrio psíquico, através de compensação das unilateralidades da consciência em prol de uma *coniunctio*. Esse processo tem um *telos*, ou seja, está orientado para um fim ou meta, e é orquestrado pelo arquétipo central denominado por Jung de *Si-Mesmo*.

Assim, a nossa hipótese aqui é de que o resultado da assimilação poderá afetar tanto a "preservação" do ecossistema psíquico quanto as relações com o ambiente e outros ecossistemas. Como a máxima dos alquimistas: o que está em cima está embaixo, afirmamos com Jung, o que está dentro, está fora, e, complementamos com o "perspectivismo ameríndio", que põe em xeque a própria separação sobre quem é humano e quem não é. Estendendo sobre dicotomias como natureza e cultura, matéria e espírito, entre outras que fundamentam o pensamento ocidental.

A assimilação, num sentido pessoal, irá modificar a compreensão do nosso sistema identitário. Afetados, nos transformamos, deixamos de ser mesmo para sermos outro, afetando a nossa própria identidade nessa dialética ininterrupta entre *ego-Si-Mesmo*. Se não o fazemos, possuídos pela *sombra* e pelos complexos, adiamos a nossa compreensão sobre o nosso presente, e também sobre o futuro, ou a direção que estamos tomando, sem compreendermos o seu *telos*. As consequências podem ser desde uma neurose e congelamento de nossas potencialidades, no sentido pessoal, até a comprometida ação do indivíduo no mundo, com consequências desastrosas no sentido social e coletivo, exemplificadas amplamente nas alarmantes atrocidades em nossa época.

Em nosso modo de vida contemporâneo temos confundido necessidade (finito e recorrente) com desejo (infinito), trazendo graves problemas quanto ao consumo e assimilação. Consumo desenfreado parece apontar para a busca de satisfação de desejo atravessada e confundida como necessidade. Todo impulso inconsciente preme por respostas literais quando falta distanciamento crítico e reflexivo, para uma discriminação desses fatores motores e sobre os seus. Isso nos tem distanciado da assimilação como ordem simbólica ou metafórica.

O exercício da retirada das projeções tem de se apoiar sobre alguns elementos prévios. O primeiro deles é a identificação dos conteúdos projetados, e o segundo, a análise desses conteúdos que estavam ainda inconscientes, na *sombra*. Para isso é necessário rever os termos habituais das relações estabelecidas com o mundo. Com respeito aos indígenas, a primeira das exigências será deixar de vê-los como se fossem nossos livremente disponíveis ("lá fora") objetos de estudo. A atitude fundamental não é fixar categorizações para estudá-los, e sim nossa disponibilidade para com eles estabelecer encontros e vínculos. De modo mais simples: muito mais empenho por compreender do que pretensão de explicar. Nesse esforço compreensivo, o "perspectivismo ameríndio" se apresenta como um suporte para o estabelecimento de limites para a vigência que se pretende universal sobre valores, crenças e condutas. Ganham destaque nesse contexto as linguagens e os vínculos entre línguas e realidades. O acesso às línguas ameríndias descerra horizontes que hoje mal conseguimos imaginar. A pesquisa de Elsje Maria Lagrou sobre "O que nos diz a arte kaxinawa sobre a relação entre identidade e alteridade?" (2002) pode nos franquear esse acesso. O que se segue é um esforço, tendo esta referência como base, para estabelecer diálogo entre o "perspectivismo ameríndio" e a psicologia analítica de Jung.

Uma onça no nosso caminho

Viveiros de Castro e Tania Stolze Lima desenvolvem o conceito de "perspectivismo ameríndio" e dentro dessa linha podemos situar as pesquisas de Elsje Maria Lagrou sobre "identidade" e "alteridade" entre os *kaxinawa*. No que se segue busco dialogar com esses autores, e principalmente com Lagrou. Minha intenção é evidenciar convergências e aproximações com elementos da obra de Jung. O campo junguiano será, portanto, o de minha filiação nessa tentativa de diálogo. Aos leitores caberá dizer quão bem-sucedida eu possa ter sido.

Minha leitura de Lagrou leva-me a evidenciar que identidade e alteridade possam ser temas centrais numa ontologia *kaxinawa* e dos grupos de língua pano. Como diz Lagrou:

> Os Pano são conhecidos como especialmente "obcecados" pelos estrangeiros e por todos os tipos de "outros" [...]. O intrigante conceito *nawa*, para o qual há variações na maioria desses grupos, é paradigmático da ambiguidade pano com relação à definição de fronteiras entre o "eu" e o "outro". *Nawa* pode ser usado para denotar uma "verdadeira" alteridade: inimigos, brancos e os mitológicos *Inka* (deuses canibais). Mesmo pessoas ou animais a serem caçados aparecem nas canções rituais como *nawa*, significando inimigo (LAGROU, 2002).

O "perspectivismo ameríndio" se propõe não a interpretar o pensamento indígena, mas sim um empenho e aproximação, nas palavras de Lima: "a fim de aprender a pensar diante dos índios" (LIMA, 2018). Esse empenho é também um risco: ver abalados os fundamentos epistêmicos da nossa percepção, moldada por uma visão dita "ocidental". A partir do campo junguiano podemos dizer: o que se abala aqui é uma nossa ilusão; nossas projeções sobre o mundo ameríndio. Uma aproximação que se reforça se considerarmos que

> O conceito *nawa* pode ocupar diferentes posições, com variações numa escala da completa alteridade e hostilidade até o polo do "nós" mais inclusivo, sem perder seu caráter relacional intrínseco. E, independente do quanto se aproxime do "eu", sempre significará alguém que não "eu mesmo". *Nawa* permanece sendo o "outro", embora um "outro" que pode facilmente ser transformado no "mesmo", se adotado um "outro" ponto de vista (LAGROU, 2002).

Para a psicologia analítica junguiana os conceitos de "eu" e "outro" fazem-se presentes no nascimento da consciência e na construção da identidade, e "outro" ainda difere daquele grande Outro, o inabarcável *Si-Mesmo*. O foco prioritário da atenção, tanto para a psicologia analítica junguiana quanto para os *kaxinawa*, é a natureza relacional, abarcando não apenas separadamente as coisas entre si e os seres entre si, mas também simultaneamente as coisas e os seres misturados entre si.

> Encontramos em *nawa* ainda o sentido daquilo que é o desejado e proibido "outro", que vem de fora da ordem social controlada: a divindade *Inka*, que constitui o terceiro elemento na escala gradativa que define "eu" e "outro" e é o afim potencial, hipotético, onipresente no mito, no ritual, nas canções, nas visões, nos sonhos e nas fantasias. O "outro" funciona enquanto valor cosmológico

e escatológico englobante que nunca é, e nunca poderá ser, presentificado através de uma aliança de casamento nesta vida terrena (LAGROU, 2002).

A visão de mundo *kaxinawa* converge com as ideias de Jung quando este descreve a psique. E quanto à relação entre complexo do Ego e arquétipo do *Si-Mesmo*, esse totalmente Outro inominável e não passível de ser abarcado pela psique, e que é, também, objetivo final ou meta, não realizável em sua totalidade. Assim, nawa, a divindade Inka, é meta. Como também o é para Jung a realização do *Si-Mesmo*.

Na visão de Jung a psique é dinâmica, podendo ser ao mesmo tempo transcendente e imanente. Ela encerra em si potencialidades que se atualizam na vida vivida das experiências relacionais; ou seja, atualiza-se apenas "em relação" através de polaridades. Essa perspectiva dinâmica da psique produz no indivíduo sentimentos de instabilidade e incertezas, que podem conduzir o indivíduo aos riscos da cisão e, mesmo, ao caos. Penso que a descrição junguiana de psique transcendente e do momento inaugural da psique imanente encontra forte convergência com a expressão mítica do início do mundo entre os *kaxinawa*:

> Era o tempo antes do tempo, quando nada mudava porque nada era misturado; não havia interação de espécie alguma entre qualidades dos seres de diferentes classes. A diferença foi criada através do ato de sua revelação, quando os seres primordiais abriram as cavernas do amanhecer e do anoitecer: a caverna onde o sol se escondia e a outra que guardava o frio em seu interior (LAGROU, 2002).

Para a perspectiva junguiana a criação mitopoiética está na base da psique. Esta se constitui através e nas polaridades, em confrontação com o insondável e inabarcável grande

Outro, ou *Si-Mesmo*, onde tudo existe em potência. O que nos é possível vislumbrar é sempre algo parcial, dependente de experiências singulares, e se apresenta através dos opostos que se constelam na vida. A assimilação dos seus conteúdos nos conduz numa busca de unidade ou totalidade como finalidade ou meta. Outro, desconhecido, inconsciente, infinito e insondável, são termos alusivos do "mais além". O sucesso maior ou menor dessa assimilação dependerá do que a psicologia analítica junguiana denomina como relação dialética entre conteúdos inconscientes e o ego, ou consciência, nesse eixo *Ego-Si-Mesmo*. A ênfase e o foco aqui estão na relação, e isto implica: nos acontecimentos que se dão "entre".

Veremos como essas ideias podem apresentar convergências com a visão de mundo dos *kaxinawa*.

> A mais inclusiva autodefinição para um Kaxinawa é *nukun yuda*, que significa "nosso mesmo corpo": um corpo que é produzido coletivamente por pessoas que vivem na mesma aldeia e que compartilham a mesma comida. São os parentes próximos que provocam um forte sentimento de pertencimento e, quando estão ausentes, é sentida sua falta (LAGROU, 2002).

O que constitui o "eu" *kaxinawa* são os vínculos das relações de parentesco. O "eu" *kawinawa* é uma rede de laços vitais que se cria no tempo e espaço, através da comensalidade, do compartilhamento, da convivencialidade. Tais laços vitais são interferências recíprocas viabilizadas mediante trocas vitais de substâncias, asseguradas por diversas práticas ritualísticas. Compreendem o "eu" como passível de transformação, na intervenção que altera sua corporeidade que afeta e transforma conjuntamente sua "alma". O "eu" *kaxinawa* inclui também, como vimos, o corpo do seu parente próximo, podendo sofrer transformações graduais até se tornar um estranho, ou um não humano ou não ser, podendo deixar de existir totalmente pelo contágio com a alteridade.

> O processo de se tornar outro é complexo e quase sempre reversível. Alguém deixa de ser um "verdadeiro" Kaxinawa por não residir mais na aldeia, por viver muito tempo em lugares diversos, o que resulta na aquisição de um corpo diferente (LAGROU, 2002).

Diferenças entre a ideia de "eu" dos *kaxinawa*, esse "eu" coletivo, conectivo, e o conceito "eu" na psicologia, como indivíduo (com risco de degenerar para um individualismo egoísta ou resvalar para o solipsismo), caem por terra, pois não há aqui um "eu" que, para existir, não esteja em relação com outrem. Para ser, existir ou se tornar, há que estar em relação com. Isso também pode ser associado com proposição de Jung ao dizer que, quando projetamos, podemos encontrar a nossa "alteridade" em "outrem" e, ao mesmo tempo, encontrar nesse outro nosso bode expiatório e até combatê-lo como um inimigo de morte. Isso seria, no entanto, um subterfúgio protetor quando nos faltam força e coragem para enfrentarmos a projeção de nossa própria *sombra*. Nas palavras de Jung: "Um homem completo, no entanto, sabe que mesmo o seu mais feroz inimigo, não um só, mas um bom número deles, não chega aos pés daquele terrível adversário, ou seja, aquele 'outro' que 'habita em seu seio'" (JUNG, 1978: 43).

A assimilação do conteúdo projetado nos leva à integração desse outro, como nós mesmos, e isso nos afeta e nos transforma, e nos faz também um outro "outro". Esse trabalho, como pensa Jung, não se dá sem riscos: de inflação, como vimos, anteriormente; ou de morte, devido à própria experiência transformadora.

Como nos diz Lagrou, entre os *kaxinawa*, uma vez a pessoa morta,

> o yuxin do olho adquire novo corpo e novas roupas, capazes de transformá-lo em um ser imortal que poderá se casar e viver com aqueles que os vivos representam como o polo extremo e absoluto do perigo, o "inconvivível" outro: os Inka.
>
> Entre esses povos amazônicos, a ordem social e o sistema de parentesco como uma unidade interior composta por elementos de uma mesma classe (pessoas com um mesmo corpo que compartilham pensamentos e hábitos) são englobados pela ordem cosmológica da alteridade, do canibalismo e da predação, e sua relação com esta última ordem de fenômenos é temporal: humanos estão no caminho de se tornarem outros, e este processo, para as sociedades *araweté* e *kaxinawa*, será somente completado depois da morte. "O desejo da afinidade potencial é projetado no *post mortem*" (LAGROU, 2002).

Podemos também encontrar semelhanças entre a concepção *kaxinawa* e as ideias de Jung com referência à noção de meta *post mortem*. Para Jung, há um movimento da psique em busca da realização do *Si-Mesmo*, da sua totalidade ou inteireza, voltar a ser Um com o Todo. A meta em direção a esse grande Outro é um movimento que não cessa enquanto vivermos; portanto é denominado por Jung *processo de individuação*. Para os *kaxinawa* a vida é movimento em direção aos deuses, aqui; um caminho ao encontro de inka, a onça canibal.

Como nos aponta Lagrou, para os *kaxinawa* a confrontação com a alteridade é um inescapável paradoxo, cuja solução é sua dissolução: tornar-se a si próprio "outro", pois

> Sem se tornar outro, ao menos temporariamente, o ser está constrangido a permanecer entre iguais, possibilidade esta encerrada nos tempos míticos da semelhança incestuosa e da separação dos seres em diferentes tipos. O contato com o "outro", radicalmente concebido, leva a conflitos e mortes (LAGROU, 2002).

Jung nos leva a pensar a ampliação da consciência como uma experiência de alteridade. Para os *kaxinawa*, a identidade está para a assimilação, sempre dinâmica e mutável, como estas características estão para o viver; senão, se está morto.

Lagrou aponta como em meio aos *kaxinawa* o dualismo se faz artifício:

> um meio de se tornar um em lugar de dois, de se tornar "mesmo" e "outro". Divisões ontológicas são posicionais e temporárias nessa visão de mundo: são relativas e cambiáveis, não essenciais ou substanciais, nunca fixas. As diferenças não constituem oposições entre termos mutuamente exclusivos, mas são de natureza gradual. A duplicidade da figura do Inka é um bom exemplo do esquema de semelhança na diferença, ou do dualismo, usado para conceitualizar a unicidade de um ser (LAGROU, 2002).

Em síntese, a experiência de vida *kaxinawa* é uma continuada metamorfose, onde as sucessivas *mimesis* e jogos de "troca de pele", em convergência com os processos de assimilação de conteúdos desconhecidos e inconscientes descritos pela psicologia junguiana, servem como preparação para a jornada final e a transformação, depois da morte, em símbolo de semelhança, máxima realização do humano, e de extrema alteridade, o deus *Inka*, que canibaliza os humanos, leva-os à morte e os separa dos seus (LAGROU, 2002).

A assimilação pela psique do "outro" como *Si-Mesmo*, quer seja assimilação do estrangeiro ou inimigo, corresponde junguianamente à assimilação de conteúdos inconscientes nos quais se experimenta luta, com risco de morte, pois transformação é dissolução sistemática, um "morrer para viver". Porém, para nós, ocidentais, com nosso pensamento dualista, linear e materialista, essa experiência nos provoca medo. Medo da perda de identidade, medo da morte.

Inka, a eterna onça, franqueia aos *kaxinawa* mortos, de acordo com a relação com ela estabelecida, o acesso ao além. Seja como um canibal para os que lhe pareçam demasiadamente diferentes, seja como cônjuge para os que se tornem seus iguais, bonitos e luminosos habitantes do mundo celeste.

Referências

JUNG, C.G. (1987). *Ab-reação, análise dos sonhos e transferência* – OC, vol. 16/2. Petrópolis: Vozes.

_____ (1978). *Psicologia do inconsciente* – OC, vol. 7/1. Petrópolis: Vozes.

LAGROU, E.M. (2002). "O que nos diz a arte Kaxinawa sobre a relação entre identidade e alteridade?" In: *Mana* [online], vol. 8, n. 1, 2002, p. 29-61 [Disponível em http://dx.doi.org/10.1590/S0104-93132002000100002].

LIMA, T.S. (2018). "A planta redescoberta: um relato do encontro da ayahuasca com o povo Yudjá". In: *Revista do Instituto de*

Estudos Brasileiros, n. 69, abr./2018, p. 118-136 [Disponível em http://dx.doi.org/10.11606/issn.2316-901X.v0i69p118-136].

PEREIRA, E.A. & ALEIXO, R. (1996). *A roda do mundo*. Belo Horizonte: Mazza.

VIVEIROS DE CASTRO, E. (2018). *Metafísicas canibais*: elementos para uma antropologia pós-estrutural. São Paulo: UBU/N-1.

9 Xamanismo, rituais guarani e clínica junguiana

Ana Luisa Menezes
Walter Boechat

Introdução

O xamanismo é um paradigma do processo de individuação, que é uma característica central da psicologia junguiana. O principal interesse de nosso trabalho é o xamanismo em relação com a psicoterapia e os fenômenos a ele relativos observados em nossa prática.

Sabendo que o xamanismo é, histórica e simbolicamente, a base para a psicologia moderna, entendemos que as sessões xamânicas indígenas ainda atuam no ritual analítico, uma vez que esse último sempre ocorre sob o mesmo padrão arquetípico que se manifestou pela primeira vez em culturas orais através dos xamãs.

Daremos uma atenção especial aos rituais guarani, reconhecendo a importante contribuição do diálogo com esse povo indígena, sua compreensão de mundo e a psicologia junguiana.

A temática do xamanismo e a psicoterapia trazem significativas reflexões em torno do que denominamos "arquétipo do xamã" no processo de se tornar terapeuta junguiano. Há um enlace entre a função do mito no xamanismo e na psicoterapia. Chamamos a atenção para o mito que é pessoal e coletivo, por sua estrutura arquetípica e para o fato de o xamã e o analista amplificarem o mito em seus exercícios de cura. Esta é uma reflexão provocativa para um analista junguiano pensar o modo de relação com as imagens e a importância de vivenciar e internalizar o mito (BOECHAT, 1979: 5).

O xamanismo tem sido o foco de atenção não somente de etnologistas e de especialistas na história de religiões, mas também de um grande número de psicólogos com formação antropológica, bem como de antropólogos psicanaliticamente orientados que construíram as bases de uma ciência chamada Etnopsicologia (BAIRÃO & COELHO, 2015). É interessante notar como as pesquisas nesse campo têm contribuído em intensidade e atraído muita atenção de antropólogos e profissionais de saúde mental. A descoberta do inconsciente pela psicoterapia moderna é responsável por uma grande quantidade impressionante de conexões entre a pesquisa antropológica e a psicoterapia moderna. Dados antropológicos têm-nos mostrado que muitos dos procedimentos terapêuticos empregados por povos originários estão ressurgindo atualmente, de várias formas, na psicoterapia moderna. De fato, nossos métodos modernos de cura psíquica, incluindo a análise do inconsciente, não se desenvolveram sem um imponente passado. Com o advento da psicologia profunda, que lida com o inconsciente e conteúdos irracionais (dos quais o mito é a melhor expressão), a necessidade de entender as técnicas aborígenes de cura e sua surpreendente eficácia torna-se ainda mais evidente.

Escolhemos especificamente o xamanismo, dentre as demais formas originárias de cura, como as dos mágicos, dos adivinhos, e de vários tipos de curadores. Assim escolhemos porque o xamanismo, com seus atributos específicos, tem os mais estreitos paralelos com a psicologia analítica. Mesmo a iniciação do xamã em suas formas tradicionais apresenta uma forte ressonância com a formação analítica na psicologia analítica e na psicanálise. Seus dois principais aspectos, o didático e o extático, são comparados com uma formação teórica e o desenvolvimento de uma compreensão profunda de conteúdos inconscientes por parte dos candidatos à profissão de analista.

A cura xamânica

a) Concepções sobre origem das doenças entre povos aborígenes

Após um estudo em nível global, Clements (1932) compilou um catálogo de etiologias indígenas no estudo de variadas teorias aborígenes sobre a causa das doenças. Ele desenrola cinco causas principais do adoecimento entre os tão chamados povos primitivos: 1) perda de uma alma; 2) quebra de tabu; 3) feitiço de doença; 4) intrusão de objeto; e 5) intrusão de espírito.

1) A ideia de que doenças são causadas pela perda da alma de um paciente é difundida no norte e no centro da Ásia, mas menos desenvolvida nos países tropicais da América do Sul. Em sociedades em que existem outros curadores além do xamã, como curandeiros ou feiticeiros, o xamã só intervém em situações quando há uma "perda de alma" (ELIADE, 1998). Isso porque apenas através da "jornada extática" a alma pode ser trazida de volta pelo xamã ou por um espírito tutelar comandado por ele. Acredita-se que a alma de uma

pessoa vagueia à noite enquanto ela dorme, ou que ela sai de seu corpo quando ela dorme ou toma um susto. Nessas situações a alma pode ser capturada por um espírito predatório e a pessoa fica adoecida.

Dentre algumas tribos Esquimó aplica-se outra terapia baseada na ideia de perda de alma. Acredita-se que a alma e o nome são um só fenômeno, e para a cura das crianças e dos jovens o xamã deve realizar uma "cerimônia de troca de nome" (MURPHY, 1964).

2) Quebra de tabu: acredita-se que a violação do tabu e dos códigos morais de algumas pessoas traz o adoecimento. Aqui o pecado é associado ao adoecimento; confissão e atitudes apropriadas de expiação prescritas pelo xamã trarão a cura. Nesse sentido o efeito catártico da confissão está presente, bem como em religiões de mistério do mundo ancestral e na Igreja Católica Romana.

3) Feitiço de adoecimento: entende-se que a doença é provocada por magia negra. Esse é frequentemente o caso entre alguns indígenas brasileiros, como os Terena (SILVA, 1946, apud SCHADEN, 1976). O xamã então praticará contramagia para superar a influência negativa do feitiço do xamã inimigo.

4) Intrusão de objeto: esta é a crença mais frequente sobre a etiologia das doenças entre as sociedades indígenas sul-americanas. Um objeto externo cria a doença por penetrar o corpo do paciente. O xamã deve sugar o objeto durante o ritual de cura e mostrará isso para a audiência e para o paciente, que é visto, então, como curado. Pequenas pedras, ossos de peixes, a penugem sangrenta ou outros objetos podem ser mostrados como sendo a doença.

5) Intrusão de espírito: em algumas culturas há a crença de que um espírito alheio pode entrar no corpo de um ser

humano, provocando um adoecimento. Mas a terapia, nesse caso, é o exorcismo. Os xamãs Bakairi, do norte do Brasil, frequentemente usam o exorcismo; com danças ritualísticas, cantorias e chamado pelos espíritos ajudantes o xamã manda embora o espírito intruso (SILVA, 1950, apud SCHADEN, 1976).

Os procedimentos xamânicos de cura geralmente envolvem interação psicológica entre o xamã, o grupo e a comunidade. Mas algumas técnicas também envolvem contatos físicos entre o xamã e o paciente; esses tratamentos objetivos são associados à teoria nativa sobre a origem das doenças. Eles incluem procedimentos como "sopro", "sucção", "varrer a doença" ou "massagear um órgão doente". Um procedimento terapêutico bastante comum entre as várias etnias brasileiras é o xamã soprar fumaça de tabaco na área afetada.

O xamã Tapirapé sopra fumaça esbranquiçada de seu cachimbo por todo o corpo de seu paciente e em suas mãos; ele cospe nelas e começa a massagear o corpo do paciente, sempre na direção de seus membros e extremidades (WAGLEY, 1943, apud SCHADEN, 1976).

O xamã Uaupê (da tribo Uaupê do norte do Brasil, próximo à fronteira com a Colômbia) tem um poderoso método terapêutico – sua própria respiração, – que é chamada *baxseke* e é considerada um forte agente terapêutico. Mesmo medicações trazidas pelos homens brancos devem ser sopradas pelo xamã, a fim de que tenha eficácia (SILVA, 1962).

O ritual de sucção é difundido no xamanismo tropical sul-americano. Wagley (1943, apud SCHADEN, 1976) descreve-o entre os indígenas Tapirapé: o xamã, agachado ao lado da rede do paciente, engole uma enorme quantidade de fumaça, até vomitar. Então ele aparentemente suga o que foi expelido, armazenando uma grande quantidade de saliva em sua boca.

Por fim, suga o corpo do paciente, cospe no chão e examina sua saliva para detectar o objeto que produziu sua doença.

Esse conceito atrelado às técnicas terapêuticas é que o adoecimento tem uma realidade objetiva, com uma causa, um começo e uma série de resultados definíveis. Doença é uma entidade definida que não pode estar em dois lugares ao mesmo tempo – ela está no corpo do paciente ou não está. Sua remoção pode ser fisicamente atingida através do sopro, da sucção ou da varredura. Aliado a esse conceito existe a ideia de que a doença pode ser transmitida de uma pessoa para outra, a um objeto inanimado ou a um agente supernatural, o que nos faz lembrar da teoria do germe da medicina ocidental.

A doença também é compreendida como florescente em alguns *habitats* e inofensiva em outros. É impotente no corpo do xamã, protegido por um espírito tutelar como um "sistema imune" (MURPHY, 1964).

Além de técnicas que envolvem elementos psicológicos há muitos tratamentos puramente físicos no xamanismo. A farmacopeia dos xamãs sul-americanos pode ser muito diferenciada, em certos casos, com base no uso de uma ampla variedade de ervas e raízes para fins específicos, como é o caso dos indígenas Uaupê, de acordo com as pesquisas de Bruzzi Alves da Silva (SILVA, 1962).

As distinções entre terapias físicas e os componentes psicológicos da psicoterapia ocidental, como interpretação dos sonhos, comunicação verbal e não verbal, tipologia e análise de caráter, não se aplicam ao xamanismo. Alguns resultados terapêuticos como melhora na adaptação a circunstâncias e aumento na capacidade de responsabilizar-se podem aparecer, mas como efeitos colaterais (MURPHY, 1964: 79). Seus objetivos são limitados à remoção dos sintomas e alívio da tensão, ansiedade e debilitações físicas (aqui nos referimos somente aos aspectos terapêuticos do xamanismo, não incluindo sua eficácia religiosa e significado cultural, que, quando vinculados, possuem outra perspectiva, como iremos descrever a partir da cultura Guarani).

Na análise, o papel de mediador do analista, que possibilita a confrontação dialética com o inconsciente, é deixada de lado durante as fases terminais do processo analítico, e o paciente ganha pouco a pouco sua própria independência para ficar em pé sozinho.

b) Possíveis correspondências entre as teorias de origem das doenças e a psicoterapia contemporânea

Nas teorias aborígenes para a origem das enfermidades e nos variados métodos de cura xamânica podemos encontrar interessantes correspondências com questões da psicoterapia contemporânea. Vamos analisá-las separadamente.

1) As arcaicas crenças na existência de uma multiplicidade de almas no indivíduo e de que a doença é causada pela perda de uma alma estão relacionadas ao problema da dissociação da psique. Essa importante questão da psicologia profunda foi elaborada por Pierre Janet e mais tarde desempenhou papel decisivo na visão de Jung sobre os fenômenos psíquicos. Jung se interessou por esse problema bastante cedo; o tema de "almas parciais" ou "fragmentos psíquicos" já foi mencionado em sua tese de doutorado (JUNG, 1902). Mais tarde, essa ideia teria marcante influência em sua teoria sobre os complexos afetivos. Seguindo Jung, podemos considerar a multiplicidade de almas que se diz possuir uma pessoa como conteúdos autônomos de sua psique consciente e inconsciente, os complexos afetivos (JUNG, 1934). O

fenômeno da "perda de uma alma" tem um correspondente moderno em algumas situações, na análise, em que o material reprimido ou um complexo devem ser trazidos de volta à consciência e então compreendidos. Além disso, a "perda de alma" acontece atualmente quando o ego está dissociado do aspecto positivo do inconsciente, do padrão dado pelo Self e se segue uma crise psíquica devido à "falta de significado" na vida. O objetivo da análise, então, é restaurar o eixo ego--Self. Em sua jornada extática o xamã busca a alma perdida e realoca-a em seu lugar apropriado, como o analista faz em seu trabalho.

O problema do "voo mágico" do xamã foi estudado por Beck (1966) em relação com a psicoterapia. Esse voo mágico se refere a uma habilidade que o xamã possui de mover-se em segurança da terra para o céu ou para o submundo e de mover-se da vida para a morte e vice-versa. O xamã, a fim de trazer a alma de volta do submundo, atravessa uma "difícil passagem" ou "cruza a ponte". O objetivo da psicoterapia é também unir passado e presente, diminuir a lacuna entre o consciente e o inconsciente. No método junguiano esse processo aparece claramente na dinâmica do "método sintético ou construtivo", o problema dos opostos, a função transcendente do Self e o arquétipo da *coniunctio*, que está presente em todo o processo da individuação. O analista, assim como o xamã, deve ter essa habilidade de fechar brechas, de mover-se livremente entre passado e presente, entre consciente e inconsciente, entre concreto e simbólico. Esse processo de criar pontes abre o caminho para conteúdos que ou foram reprimidos ou estiveram fora da consciência do paciente desde o início. A alma perdida é trazida de volta também em um *setting* terapêutico moderno.

2) Confissão após quebra de um tabu: também é uma forma arcaica de terapia, como mencionado por Clements (1932), e é parte da cura xamanística (MURPHY, 1964). A permanência desse método tribal de terapia através do mundo ancestral nas "religiões de mistério" da Grécia e Roma e na Igreja Católica nos mostram sua importância.

A redescoberta científica do papel da confissão na psicoterapia aconteceu no primeiro método psicanalítico, o método catártico empregado por Breuer e Freud. Mesmo o nome "catarse" (limpeza) era um termo comum nos ritos de iniciação clássicos. O alvo do método catártico era a confissão total, não meramente um reconhecimento intelectual dos fatos, mas um envolvimento emocional e uma liberação de afetos reprimidos. Jung (1931) via na confissão o primeiro dos quatro estágios do processo analítico: confissão, elucidação, educação e transformação.

Boechat (1979) observou em sua prática pacientes nos quais o aspecto confessional da análise teve um papel importante na terapia. Nesses casos, o autor observou um efeito colateral para além do aspecto curativo de compartilhar um segredo pessoal. Tornou-se a pessoa que sabia sobre seus conteúdos carregados de emoção, e estava compartilhando com o paciente a confrontação e a discriminação sobre eles. Isso teve um efeito catalisador na relação analítica, tornando-a mais estável e duradoura. Como exemplo o autor cita uma mulher de 35 anos que foi para análise durante um processo de deixar de lado sua vida como freira. O material recalcado ou suprimido sobre sua vida sexual, especialmente uma experiência homossexual que ela estava vivendo naquela época, teve grande importância etiológica em sua neurose. A confissão teve uma enorme importância como fator de cura e também como um caminho seguro através do qual ela poderia se relacionar em segurança comigo e desenvolver uma transferência positiva. O recalque se desenvolve em proporção direta à culpa e aos valores morais estritos, e a educação religiosa de minha paciente desempenhou seu papel nesse processo. Nessas circunstâncias, terapia confessional parece ser particularmente valiosa.

3) A ideia de que a possessão por um espírito possa promover adoecimento é oposta ao conceito de "perda de alma". As técnicas terapêuticas variam: no primeiro caso, ritos de exorcismo são realizados pelo xamã; no outro caso, a alma é trazida de volta e reintegrada no paciente. O "adorcismo" ou reintegração da alma é um paralelo ao processo terapêutico de elaborar o material recalcado para reintegrar complexos considerados incompatíveis ao ego. O rito de exorcismo nos lembra situações terapêuticas quando pacientes psicóticos ou *borderline* precisam passar por um processo de fortalecimento do ego, e a emergência de complexos altamente energizados e o material arquetípico (os espíritos externos) precisam ser afastados da consciência. Durante o processo de fortalecimento do complexo egoico esses conteúdos perdem sua fascinação para a personalidade consciente e mergulham de volta para o inconsciente. O paciente *borderline* normalmente carece de uma sombra bem diferenciada, e seu ego permanece muito exposto à fascinação arquetípica que emerge do inconsciente. A terapia é direcionada então à construção ou à diferenciação da sombra, para que ela funcione como um "sistema tampão" entre a consciência e o material arquetípico ativado[1].

---

1. O conceito de sombra como um sistema tampão para pacientes *borderline* foi expresso pelo Dr. Peter Walder no Curso Psicoterapia para Pacientes Borderline, no Instituto C.G. Jung de Zurique, semestre de verão de 1978.

4) A tão difundida ideia de que doença é provocada pela intrusão de um objeto estranho chamou minha atenção porque esse conceito não só estipula que o objeto causou a doença, mas também, como o xamã claramente expressa em sua cura, *o objeto é a doença*. A enfermidade se torna, nesse sentido, objetificada e tornada menos perigosa, porque pode ser vista, controlada. Uma pessoa poderá seguramente dizer: "eu tenho uma doença" (que pode ser vista e mandada embora ou curada), em vez de simplesmente saber que a pessoa está doente ou possuída por fator desconhecido que é indistinguível dela própria.

Enquanto a ideia da "quebra de tabu" é puramente psicológica, bem como as teorias de "perda da alma" ou "intrusão de espírito", a ideia de "intrusão de objeto", embora possua um forte elemento de sugestão e persuasão, objetifica a doença, abrindo caminho para "tratamentos objetivos" de sucção, massagem etc. Com o desenvolvimento da medicina científica essas ideias perderam seu valor explanatório, mas no campo relativamente novo de exploração científica do inconsciente um processo similar do método originário de "objetificação" ficou bem evidente. Para melhor diferenciar os conteúdos do inconsciente e para compreendê-los como existentes em si, e não somente como meros subprodutos ou epifenômenos, Jung (2014) usou o processo de objetificação como método principal fundamental de confronto com o inconsciente na elaboração de seu *Livro Vermelho*. O método de personificar emoções e outros conteúdos inconscientes indiferenciados ajudou Jung a não ser possuído por eles em sua confrontação com o inconsciente, como ele destaca em sua autobiografia (JUNG, 1963). Mais tarde ele iria denominar o inconsciente coletivo de *psique objetiva*, dando o caráter de realidade objetiva às camadas profundas do inconsciente (JUNG, 1946).

O problema da objetificação aparece na situação analítica de várias formas. Sugere-se que o analisando desenhe ou pinte e escreva os seus sonhos. As técnicas expressivas, como se sabe, são largamente utilizadas em terapia junguiana. Fatores singulares e complexos são isolados e objetificados a fim de serem discutidos. O fenômeno da transferência é, basicamente, também um processo contínuo de objetificação: conteúdos do inconsciente do paciente são projetados no analista, e então objetificados. Eles podem, então, ser discernidos e analisados.

O objeto que provocou a doença é sugado pelo xamã, mas não produz nenhum mal a ele, já que é protegido pelo seu espírito tutelar. Aqui o relacionamento psicoterapêutico é baseado em total confiança e fé no curador e uma expectativa mais passiva de que o trabalho terapêutico será cumprido somente pelo xamã. Essa situação costuma acontecer no *setting* terapêutico moderno em que se espera que o analista "sugue" os complexos do paciente, libertando-o de seus sintomas, uma ansiedade ou uma depressão. O fenômeno de "sucção" é o fundamento arquetípico do processo pelo qual o analista participa dos sofrimentos e problemas existenciais de seu paciente. Compreensão e empatia são ferramentas terapêuticas importantes na análise. O analista, então, "carrega nos ombros" o problema de seus pacientes por um tempo, e então uma contínua elaboração e discussão sobre eles é possível.

Entretanto, esse fenômeno às vezes acontece de uma forma inconsciente para, ambos analista e paciente, principalmente em situações de crises psíquicas severas ou na psicose. Inconscientemente, o analista sofre a contaminação da psique de seu paciente, e uma fadiga incomum ou mudança de humor se manifesta no terapeuta após a sessão. No *setting* analítico junguiano estamos particularmente expostos a esse fenômeno da contaminação devido à abertura da situação terapêutica na qual analista e paciente ficam face a face (como se sabe, o divã no *setting* freudiano foi pensado não somente para facilitar a transferência e a livre-associação, mas também com um propósito de defesa; ou seja, para proteger o analista dessa contaminação psíquica). Como Jung expõe, "[...] a infecção do inconsciente traz a possibilidade terapêutica – que não deve ser subestimada – de que a enfermidade seja transferida ao médico" (1946b, § 365).

Geralmente a enfermidade é transferida quando conteúdos desconhecidos são projetados e não são compreendidos ou analisados. Isso nos leva à difícil situação em que ambos, paciente e analista, estagnam em uma condição de mútua inconsciência; o analista já não pode desempenhar seu papel de portador da consciência na relação terapêutica. O processo analítico é então levado a um ponto de estagnação. Ao mesmo tempo, as disposições neuróticas do paciente são reforçadas e ele se encontra incapaz de seguir adiante; ele talvez até goste desta situação em que a doença é sempre "sugada" de si sem nenhum esforço necessário de sua parte para elaborar ou integrar os conteúdos inconscientes.

Dentre as técnicas terapêuticas xamanísticas descritas por Murphy, "ganhando aceitação", "participação do grupo" e "encantamento" mostram como a cura mágica incita uma forte transferência. "O xamã certamente reconhece [a transferência] e a explora" (BECK, 1966). O xamã precisa, na verdade, da forte transferência do paciente e do grupo, para que sua cura possa ser eficiente. A cada cura bem-sucedida seus poderes são renovados. O xamã precisa de confiança para ser bem-sucedido, e por esse motivo os procedimentos da psicoterapia moderna de analisar a transferência para trazer independência estão em oposição à cura xamânica.

c) O êxtase xamânico e o processo de cura

Além dos aspectos discutidos anteriormente, a característica central da cura xamânica é o estado de êxtase. Já durante o treinamento do futuro xamã encontramos um aspecto didático (uso de ervas terapêuticas, medicina aborígene) e um aspecto extático (habilidade de entrar em transe ou de atravessar diferentes estados de consciência). Mas também encontramos esses dois aspectos na análise didática dos candidatos modernos à profissão de analista. Além de um treinamento teórico, o candidato aprende uma série de técnicas de mobilização para ativar e lidar com material inconsciente. Na escola junguiana passamos por uma série de procedimentos que estão relacionados com a condição psicológica central de êxtase, ou seja, o "abaixamento do nível mental" (Janet). Imaginação ativa é a técnica de mobilização principal, mas todas as expressões não verbais como as já comentadas técnicas expressivas, o gesto, o movimento podem ser consideradas como um estado de devaneio. Outros autores valorizaram o devaneio como Bachelard (1966), que descreve o devaneio nos processos criativos e Bion, que chamou atenção para processos do *revêrie* no campo transferencial. Para ser realmente genuína e criativa nesses procedimentos, uma pessoa deve obter um certo grau em "rebaixamento do nível mental". Esse devaneio criativo, ou "regressão adaptativa", é a chave para a criatividade na arte (KRIS, 1952) e também para a análise do inconsciente. O analista deve ter essa fluidez em mover-se em diferentes planos mentais (BECK, 1966) para estar apto a regressar às vezes muito rapidamente, a ser empático com a situação mental do analisando. Como Beck as descreve, essas regressões, como sutis "estados extáticos", estão geralmente sob forte controle do ego no analista. Ainda assim, em alguns casos de contratransferência marcada, o analista pode permanecer em uma condição regressiva sem dar-se conta. Isso é típico em reações de raiva, na transferência erótica ou outros fortes estados emocionais que podem possuir o analista.

d) O emprego do mito no xamanismo e na psicoterapia junguiana

A maior semelhança no nosso trabalho terapêutico com a cura xamânica é o uso do mito. Discutindo o uso do mito para auxílio na parturição dentre os indígenas Cuna do Panamá, Lévi-Strauss (2017: 199) afirma que, na cura xamânica, "é um mito social que o paciente recebe do exterior". *Isso é precisamente o que conhecemos na psicologia junguiana como "a técnica da amplificação"*.

O modelo especular de Lévi-Strauss

É útil mencionar aqui as ideias de Lévi-Strauss sobre o xamanismo e sua relação com a psicanálise. Para Lévi-Strauss a cura xamânica apoia-se em três aspectos: primeiro, a experiência xamânica de iniciação e estados especiais de alteração da consciência do próprio curador; segundo, as crenças e experiências da pessoa doente; e terceiro, os membros do público, quem participa no ritual e dá apoio coletivo a ele (LÉVI-STRAUSS, 2017: 179). Esses três elementos são chamados por ele de "complexo xamanístico", e os considera inseparáveis. Os três elementos estão agrupados em torno de dois polos, um formado pela experiência íntima do xamã e o outro por um consenso grupal. Não há razão para duvidar que os curadores, pelo menos os mais sinceros dentre eles, acreditem que seu chamado e essa crença têm fundamento

na experiência de estados específicos. Ademais, como Lévi-
-Strauss nos lembra, o xamã também tem conhecimento empí-
rico e técnicas experimentais, além do fato de que desordens
psicossomáticas normalmente respondem bem à psicoterapia.
Sem relativo sucesso, o xamanismo não seria tão universal,
tão amplamente difundido no tempo e no espaço. Mas há um
ponto fundamental: ele está subordinado à genuína vocação
do xamã e às expectativas do grupo.

Fracasso ou sucesso na técnica é um fato secundário;
o consenso social, que foi recriado em torno do sistema de
cura, é o que importa. O problema fundamental é a relação
entre uma categoria específica de indivíduos e as expectativas específicas do grupo. Ao tratar seu paciente, o xamã
oferece à sua audiência uma *performance*. Lévi-Strauss considera que essa *performance* em geral envolve o decreto do
"chamado", da crise inicial que trouxe ao xamã a revelação
de sua vocação. O xamã revive seu "chamado" em toda sua
"vivacidade, originalidade e violência". Então ele ab-reage novamente, revivendo sua crise durante seu chamado iniciático
(LÉVI-STRAUSS, 2017: 181).

Lévi-Strauss considera importante analisar o papel da
ab-reação nas psicoterapias diferentes da psicanálise. No xamanismo, a ab-reação ocorre em três níveis: no paciente, no
xamã e no grupo. Na abordagem psicanalítica ela ocorre principalmente no paciente. Mas também ocorre, em certo grau,
no analista, embora não ao mesmo tempo; porque o analista
também precisa ser analisado antes de tornar-se ele próprio
um analista.

Em relação ao papel do grupo em cada técnica, Lévi-
-Strauss escreve: "a magia readapta o grupo a problemas
pré-definidos através do paciente, enquanto a psicanálise rea-

dapta o paciente ao grupo por meios da solução encontrada" (LÉVI-STRAUSS, 2017: 183). Mas há uma tendência que transforma a psicanálise de um corpo de hipóteses científicas que podem ser verificadas em certos casos clínicos em uma "mitologia difusa interpenetrando a consciência do grupo". E isso se torna um paralelo para um sistema mágico como o xamanismo. Isso acontece porque um método originalmente aplicado a pensamento patológico e ao estudo da psicologia individual é transferido à psicologia coletiva e ao pensamento normal. "O valor do sistema não mais será baseado em curas reais, mas a partir do senso de segurança o grupo recebe dos mitos subjacentes à cura e do sistema popular pelo qual o universo do grupo é reconstruído" (LÉVI-STRAUSS, 2017: 184). O tratamento, em vez de levar à resolução de um problema específico, é reduzido a uma reorganização do universo do paciente, em termos psicanalíticos.

O estudo que Lévi-Strauss fez em um canto xamânico para facilitar um parto entre os Cunas, do Panamá, revela aspectos interessantes de sua teoria sobre o xamanismo e a psicanálise. Os Cunas chamam de *Muu* a um espírito que representa o poder responsável pela formação de um feto. A música analisada se chama *Mu-Igala* ou "O Caminho de Muu", porque ele retrata, em linguagem mitológica, o que os Cunas entendem por um parto difícil e a possível solução para ele. O parto difícil acontece porque Muu capturou Purba, que é a "alma" da futura mãe. Muu é apenas uma alma das muitas que uma pessoa possui, cada uma referente a um órgão ou função corporal, e aqui ela excede suas funções. A música, que representa uma busca pela Purba perdida, começa por descrever a atual situação da parteira chamando o xamã, e os estágios preparatórios da cura: o xamã faz fumigações de pedacinhos de cacau, entoa invocações e usa figuras de madeira trabalhada, as *Nuchu*, que se tornam materializações dos espíritos tutelares.

Na mitologia dos Cuna, Purba se refere a um duplo ou alma que todos os seres possuem, incluindo homens, plantas, animais e até mesmo pedras. O Purba é similar ao conceito de ideia na filosofia de Platão. Niga é outro princípio, a força vital que somente homens e animais possuem. Niga desenvolve com a idade e não pode ser roubado. Cada parte do corpo tem sua própria Purba; pertence ao nível corporal, à vida do corpo e à cooperação entre os órgãos. O Niga, como força vital, pertence ao nível espiritual e à cooperação das Purbas. A música descreve como a Purba é libertada pelo xamã e os espíritos tutelares (Nuchu) de Muu (e suas filhas). Os Nuchu recebem do xamã depois de serem personificados nas estatuetas que ele talhou – clarividência, invisibilidade e Niga (força vital). Eles são, então, chamados Nelegan.

Os fatores mais importantes para o desenvolvimento dessa música mística que Lévi-Strauss enfatiza é que Mu-Igala ("O Caminho de Muu") e "a moradia de Muu" não são, para a mente nativa, somente um itinerário mítico e um lugar residencial, mas também estruturas orgânicas, a Vagina ("O Caminho de Muu") e o Útero ("A morada de Muu") da mulher grávida! Essas regiões são exploradas pelo xamã e seus Nelegan.

O que se acredita acontecer nesse parto difícil é que a alma do útero (Muu) teria extraviado outras almas pertencentes a outras partes do corpo (Purba). Uma vez que essas almas são liberadas, a alma do útero pode reassumir sua cooperação.

O cântico delineia com clareza os componentes emocionais dessa perturbação psicológica; ela constitui uma manipulação psicológica do órgão adoecido. Oscila entre temas míticos e psicológicos, abolindo qualquer distinção entre elas dentro da mente e fazendo uma transição da realidade para o mito, do universo físico para o psicológico. Os Nelegan entram na vagina para iluminar a rota do feto – a mulher talvez até os "sinta" assim funcionando. Dores são personificadas por terríveis animais enfrentados pelos Nelegan na "moradia de Muu". O xamã então fornece à mulher uma linguagem, para que estados físicos sejam expressos. A transição para essa expressão verbal pode levar a processos de cura psicológica.

A cura xamanística reside, consequentemente, na linha fronteiriça entre medicina orgânica e psicoterapia. Lévi-Strauss volta nossa atenção ao fato de que o xamanismo se aplica a uma condição orgânica, um método relativo à psicoterapia. Para entender como isso é possível, Lévi-Strauss compara as características do xamanismo e da psicanálise. Para ele, "cura xamânica parece ser uma exata contrapartida para a cura psicanalítica, mas com uma inversão de todos os termos" (p. 199). Ambos recriam um mito que o paciente precisa viver. Em psicanálise, o paciente reconstrói um mito do passado. No xamanismo, ele recebe de fora um mito social numa perspectiva ancestral. Seria possível elucidar até mesmo mudanças orgânicas ao trazer um mito cuja estrutura fosse análoga às estruturas orgânicas. A efetividade dos símbolos seria baseada em estruturas homólogas em diferentes níveis, em problemas orgânicos, no mundo inconsciente e no pensamento racional.

De acordo com Lévi-Strauss, a principal diferença entre o xamanismo e a psicanálise é que a origem do mito (entendido socialmente no primeiro caso e revivido no segundo como uma experiência passada) é construída sem real significação por um conceito de inconsciente que difere da visão freudiana.

Na verdade, muitos psicanalistas se recusarão a admitir que as constelações psíquicas que reaparecem para a consciência do paciente possam constituir um mito. [...] Mas convém nos perguntarmos se o valor terapêutico da cura decorre do caráter real das situações rememoradas ou se o poder traumatizante dessas situações proviria do fato de que, no momento em que elas se apresentam, o sujeito as experimenta imediatamente na forma de um mito vivido. Queremos dizer com isso que o poder traumatizante de qualquer situação não pode resultar de suas características intrínsecas, mas sim da capacidade de certos eventos [...] de induzir uma cristalização afetiva que se realiza no molde de uma estrutura pré-existente (LÉVI-STRAUSS, 2017: 202).

Considera-se essas estruturas atemporais como pertencentes a todo ser humano, chamado civilizado ou originário, e eles formam, como um agregado, o que Lévi-Strauss chama de Inconsciente, em oposição ao que ele denomina Pré-consciente, "um reservatório de recordações e imagens amontoadas no curso de uma vida" (p. 203). O Inconsciente está sempre vazio, "é alheio às imagens mentais como o estômago é para as comidas que passam por ele [...] o Inconsciente simplesmente impõe leis estruturais sobre elementos inarticulados que aparecem em outros lugares – impulsos, emoções, representações, memórias" (p. 203). Então, mesmo se o mito for recriado a partir da experiência individual ou apropriado pela tradição, ele deriva de meios individuais ou coletivos, que são basicamente os mesmos, já que o vocabulário (conteúdos pessoais) importa menos do que a estrutura.

"Assim, a moderna versão da técnica xamanística chamada psicanálise deriva suas características específicas do fato de que na civilização industrial já não há espaço para momentos míticos, exceto dentro do próprio homem" (LÉVI-STRAUSS, 2017: 204).

Consideramos a pesquisa de Lévi-Strauss de grande valor para nosso estudo do xamanismo por causa de sua tentativa de examiná-lo para um embasamento cultural em relação à psicanálise e à psicoterapia moderna. Em diversas culturas aborígenes, incluindo grupos étnicos brasileiros, e no exemplo acima citado dos Cunas do Panamá, ele buscou por elementos básicos do xamanismo de validade universal, apesar das enormes diferenças culturais que se podem encontrar ao redor do mundo em variadas manifestações da instituição xamânica. Essa descoberta de dados básicos e genéricos do xamanismo do ponto de vista antropológico reforça nosso conceito do xamanismo como um fenômeno arquetípico.

Em seu ensaio "Dois tipos de pensamento" Jung expõe a inter-relação dos pensamentos racional e mitológico até mesmo no homem moderno, e como esses dois tipos de pensamento coexistem (*Símbolos da transformação*, 1911/1951). O pensamento mitológico está presente não somente em sonhos, mas em fantasias e devaneios, assim como na literatura e na poesia. Irá aparecer também nas produções delirantes de psicóticos, e esse fato foi determinante para Jung em suas pesquisas sobre a existência do inconsciente coletivo. O mito em sociedades tribais constitui um modo predominante de cosmovisão e na organização social, mas mesmo na sociedade complexa contemporânea o mito está presente nos sonhos, fantasias, na política e na propaganda. A permanência do mito no homem moderno é de grande importância para a psicoterapia, e aqui vemos uma ligação significativa entre psicoterapia moderna e xamanismo. Consideramos esse o fator da maior importância na comparação simétrica e especular de Lévi-Strauss entre o xamanismo e a psicanálise.

Podemos resumir o modelo de Lévi-Strauss da seguinte forma:

Xamanismo	Psicanálise
O xamã fala, atua, interpreta um mito. O paciente escuta.	O paciente fala; o analista escuta. O paciente coloca palavras e intenções no analista através de transferência.
O xamã ab-reage.	O paciente ab-reage.
Readapta o grupo a problemas pré-definidos pelo paciente.	Readapta o paciente ao grupo.
Um mito de tradição cultural é dado ao paciente.	O paciente descobre seu próprio mito em seu passado.

O primeiro eixo do modelo especular, que é o do papel ativo-passivo na cura, aplica-se, é claro, apenas em alguns casos, tanto no xamanismo como na psicanálise. No xamanismo sul-americano, de onde Lévi-Strauss tira sua experiência prática, o paciente é, na maioria dos casos, "passivo", mas isso não é válido nos demais lugares (LEWIS, 1977). Além disso, considerar o xamã um "abreator profissional" sem levar em conta as consideráveis mudanças em sua personalidade durante o árduo período de iniciação pode nos levar a crer que, na cura, ele reinterpreta o "chamado", sua crise original. Esse não é o caso, já que esse último é geralmente involuntário, enquanto o êxtase ritual é voluntário e decidido conscientemente (ELIADE, 1998).

Acreditamos também que a psicanálise, em um sentido, é um sistema simbólico desde o início. Nunca foi aplicada unicamente a alguns casos clínicos e à psicopatologia, como Lévi-Strauss coloca, mas teve validade para a psique normal também, apesar de sua ênfase original na psicopatologia; para Freud, a diferença entre normalidade e patologia nunca foi qualitativa.

Quando consideramos o *setting* junguiano para o trabalho analítico, encontramos ainda maiores similitudes ao ritual xamânico. A transferência, embora analisada e entendida, não desempenha o papel central como na psicanálise. Nesse sentido, levando também em conta a "equação pessoal" (Jung) do analista desempenhando um maior papel na relação analítica, o analista seria, em geral, mais "ativo". O modelo original de Freud, em que o analista se porta como um "espelho" no qual ocorrem e são analisadas as projeções do paciente, é deixado de lado em troca de um modelo que pode ser retratado alquimicamente. O vaso hermético do trabalho analítico é preenchido pelas psiques conscientes e inconscientes do paciente e do analista, que se inter-relacionam como duas substâncias químicas. Então o analista não pode ser considerado à parte, vazio, em relação às transformações psíquicas do seu analisando, porque está inconscientemente afetado por elas. Isso é descrito como o estado alquímico de uma mistura de substâncias. A análise é, por fim, o processo de desenvolvimento psíquico em que a psique do próprio analista sofre transformações. O problema da ab-reação, entendido em um amplo sentido como integração de conteúdos inconscientes, ampliando a consciência, é uma tarefa constante também para o analista. Somente nesse sentido ele será conscientizado do processo analítico e dos processos de contratransferência.

Cabe lembrar nas reflexões sobre relação analítica na contemporaneidade a crescente importância dada ao chamado campo interativo ou objeto analítico (SCHWARTZ-SALANT, 1995). É a noção de uma "terceira área" que se organiza entre paciente e analista, onde fenômenos simbólicos ocorrem, sejam por imagens ou por afetos de todo tipo e que afetam tanto paciente quanto analista, influência essa tanto psicológica quanto somática. Essa concepção abrigada por várias escolas de psicologia profunda lembra bastante as relações de proximidade física e psicológica do xamã com seu paciente.

Aprofundando as considerações a respeito do modelo especular de Lévi-Strauss e da psicoterapia junguiana, lembramos os quatro estágios da análise, como descritos por Jung (1931), já citados acima:

1) confissão (catarse);

2) elucidação;

3) educação (adaptação social);

4) transformação (individuação).

Enquanto a readaptação ao grupo ("educação", para Jung) é o objetivo final em alguns casos, outros buscam a fase da transformação, o lidar com o eixo ego-Self e a individuação. Nesse nível, a sólida adaptação à vida é um fenômeno secundário à ativação do arquétipo do Self; isto é, quando o eixo ego-Self é operativo. Nessas circunstâncias geralmente ocorre uma polarização do indivíduo e da cultura; então esse último trabalha contra o processo de individuação. Em algumas instâncias o homem em processo de individuação também terá uma influência transformativa. Temos aqui um paralelo à influência exercida no grupo pela sessão xamânica. No Brasil, a influência essencial do xamanismo aparece claramente: as cosmovisões indígenas brasileiras geralmente se beneficiam da instituição do xamanismo, uma preservação de sua cultura e tradições contra a influência desintegradora do homem civilizado.

Além disso, a psicologia analítica tem suas premissas e bases teóricas no funcionamento normal da psique, contrária à psicanálise, que baseou suas descobertas iniciais no estudo da histeria e da neurose. O núcleo de sua formulação teórica é o processo de individuação, o desenvolvimento do Self da infância à velhice. No fim de uma análise junguiana bem-sucedida há um processo que Lévi-Strauss descreveu como "um perigo": a reorganização do universo do paciente, que ele considera um processo típico de um sistema mágico-social como o xamanismo. Entretanto, do ponto de vista junguiano, o tratamento não pode ser separado de um entendimento da totalidade de uma individualidade, sua tarefa de vida e sua visão do mundo. Referente ao problema de adaptação ao grupo é válido citar Jung: "São tantas as pessoas que se tornam neuróticas porque eram simplesmente normais quanto pessoas que são neuróticas porque não conseguem tornar-se normais" (JUNG, 1931).

No que se refere à função do mito no xamanismo e na psicoterapia moderna, o fato mais significativo para nós é o fenômeno de um xamã transmitindo ao seu paciente um mito em um encantamento próprio de um distúrbio específico. Consideramos uma das maiores descobertas de Jung para a psicoterapia *as técnicas de amplificação*. As situações principais na vida e os conteúdos dos sonhos obedecem a certos padrões arquetípicos; contar ao paciente situações semelhantes, emprestadas da mitologia, da tradição popular, do folclore etc. ajudarão a clarificar eventos atuais em sua vida e também o sentido de seus sonhos. Está claro que o método da amplificação não é sempre útil e o analisando pode muitas vezes não responder a ele, sendo muito útil para o próprio analista, a fim de melhor entender a situação por que passa seu paciente. De acordo com Jung, amplificar é também o melhor jeito de "alimentar" as imagens simbólicas de um sonho sem reduzi-lo a um modelo teórico ou a um conceito psicológico vazio. O efeito curativo da amplificação é claro no xamanismo: escutando o mito, o paciente pode encontrar a solução para seus conflitos, mesmo que eles sejam referentes a estruturas orgânicas (o que sustenta uma analogia com a estrutura mítica, de acordo com Lévi-Strauss). Na psicologia analítica, o analisando deve, sem dúvida, estabelecer uma relação com um mito individual, com o padrão de vida que lhe foi dado pelo Self. Mas esse mito está de alguma forma no passado; experiências presentes são a questão principal para a psicologia analítica, e também como a função transcendente do Self é ativada. Sabendo que no núcleo de cada complexo existe um arquétipo, as experiências individuais são, ao mesmo tempo, coletivas e arquetípicas. As noções que Lévi-Strauss traz a respeito de "pré-consciente", "inconsciente", "estruturas inconscientes" para aproximar o xamanismo e a psicanálise são, como as entendemos, um paralelo aos conceitos que Jung desenvolveu sobre o inconsciente pessoal, o inconsciente coletivo e arquétipos; podemos mesmo considerá-las coincidentes.

Podemos resumir da seguinte forma nossas considerações sobre psicologia analítica em relação ao modelo do espelho de Lévi-Strauss:

Xamanismo	Psicologia analítica
O xamã fala, atua, interpreta um mito. O paciente escuta.	O analista também está ativo. A "equação pessoal" desempenha um papel. A relação humana tem seu efeito, além da análise da transferência.
O xamã ab-reage (à parte do processo de cura no paciente).	A transformação psíquica ocorre no analisando e no analista (campo analítico visto como um campo interativo).
Readapta-se o grupo a um problema pré-definido pelo paciente.	Readaptação do paciente ao padrão dado pelo self. Quando o eixo ego-self é operativo, o indivíduo pode ter influências transformadoras no grupo.
Um mito de tradição cultural é dado ao paciente.	Descobrindo os arquétipos que comandam sua vida, o paciente estabelece uma relação com seu mito pessoal. Mas esse mito também é coletivo, porque é um arquétipo. O analista, como o xamã, faz uso do método de amplificação.

Rituais de cura Guarani e o xamanismo

A relação entre mitologia e xamanismo é percebida nos modos de existência Guarani, bem como em seu modo de ritualizar o mito no cotidiano. Percebemos uma conexão intrínseca entre a relação do xamanismo, a cosmovisão guarani e a individuação. O processo de nomeação, que ocorre no primeiro ano de vida, em um dos principais rituais guarani denominado *Nemongaraí*, refere-se a um princípio inicial de individuação; ao encontro do nome, como um espírito, como uma ritualização do sentido de uma existência guarani, dialogar e procurar um caminho de conexão com o divino. Nesse ritual há um assento do espirito, denominado *Nhe'é* na matéria-corpo da criança. Há também um prenúncio de que um guarani é filho da divindade que está enviando o nome/espírito. Há uma relação de confirmação do que Jung desenvolve no sentido da dimensão terapêutica como um caminho de individuação e, ao mesmo tempo, de educação e de transformação.

O caminho de individuação é a existência guarani e tem sua base na experiência religiosa[2]. O processo de nomeação é o núcleo central do significado psíquico de ser guarani. No ritual, o Karaí, que podemos relacionar a figura do xamã, é o elemento catalisador dessa comunicação entre as divindades e as famílias, no sentido que ele escuta o nome e informa para os pais que possuem uma confiança nessa mediação. O karaí/xamã é aquele que realiza a leitura, segundo Jerônimo, liderança guarani. Existe um papel ativo de quem promove a passagem para uma outra condição de conexão com a totalidade, como quem afirma para a comunidade e para os pais que a formação da pessoa inicia mais fortemente nesse instante em que os pais, a comunidade e a própria criança tomam consciência desse nome. A responsabilidade é passada para os pais, que devem cuidar e observar como cada criança vai se movimentar com o seu *nhe'é*. E a caminhada, a cada passo dado, é ir constituindo uma condição de entendimento e de comunicação com o significado do que o nome evoca no corpo de cada Guarani, no sentido de receber a ancestralidade espiritual em si mesmo.

---

2. Os aspectos da individuação e das divindades guarani, bem como o sentido de adoecimento e do psiquismo guarani em diálogo com Jung, foram discutidos no capítulo "Experiência anômala e o arquétipo do nome-alma guarani: xamanismo, educação e a clínica junguiana" do livro *As experiências anômalas na perspectiva da psicologia complexa de C.G. Jung* (FONSECA, A.F.D. & ROBERTO, G.L. (orgs.). Brasília: Sel, 2019).

Nesse aspecto, o xamanismo percebido na cosmovisão guarani é uma educação e uma formação de um profundo encontro com uma singularidade que é constituída de um todo, de um campo espiritual e ancestral. Cada guarani precisa encontrar o seu espírito, ou seja, o seu nome, a cada dia, em seu próprio corpo e movimento.

Percebemos uma atuação central do karaí/xamã; inclusive, não só nos rituais, como nos aconselhamentos cotidianos e na organização da comunidade, bem como uma alta responsabilização para quem recebe o nome, que é o compromisso com a pessoa, com o que é singular. A singularidade é um exercício constante do estar guarani, só que é um modo de compreender o eu que se enraíza de um nós, não somente no coletivo social, quanto no nós ancestral dos antepassados, dos mortos num mundo espiritual.

Ressaltamos que, apesar da extrema confiança que a comunidade tem no karaí, há a possibilidade de se mudar de nome, caso a própria criança tenha algum problema. Existem situações, já descritas por uma *Kunhãkaraí*, D. Catarina, que sua neta estava doente, já sendo tratada por médicos de concepção ocidental e não se realizava sua cura. Ela afirmou querer mudar de nome, pois estava sendo chamada por um nome que não a pertencia, que não falava de sua alma, e a comunidade aceitou. E, aos poucos, a menina foi recuperando sua saúde (MENEZES, 2019).

Há uma fronteira tênue entre o que se apresenta como realidade externa e a internalização imaginativa, que produz outros níveis de realidade. Adentrar no mito e tornar-se personagem é uma caminhada. Segundo os Guarani, é preciso fazer a caminhada que Nhamandu (divindade denominada de Sol) nos deixou. O mito, ensina Vherá Poty (2015), não é uma história a ser contada simplesmente, com início, meio e fim, e, sim, um campo a ser atravessado num movimento intrapsíquico, como algo que é parte de cada um de nós, que precisa ser preservado em suas essencialidades e linhas, como uma capacidade de falar do inconsciente ou da natureza através de uma linguagem própria. A compreensão psíquica do processo de subjetivação, a partir de um mito, dá-se no diálogo de sentidos que este, com sua estrutura, possui. Há uma ressonância organizadora entre o psiquismo e o mito. A psique é um cosmos e os mitos nos oferecem essa aprendizagem, aproximando a ideia de que os elementos da natureza têm personalidades.

> O mito fala de um estado do ser no qual os corpos e os nomes, as almas e as ações, o eu e o outro se interpenetram, mergulhados em um mesmo pré-objetivo e pré-subjetivo. Meio cujo fim justamente a mitologia se propõe a contar. O mito dos gêmeos não fala de uma diferenciação do humano a partir do animal [...]. A condição original comum aos humanos não é a animalidade, mas a humanidade (VIVEIROS DE CASTRO, 2002: 355).

Há uma troca sutil na interconexão inconsciente e consciente. Podemos pensar numa relação de gêmeos psicológica, no sentido do Mito Guarani dos Gêmeos, no qual lua e sol são correspondentes, diferenciados e interdependentes. Nesse tipo de contratransferência xamânica o analista desenvolve uma comunicação imagética mais ampliada, e a escuta dessas imagens inconscientes torna-se mais evidenciada.

Nesse tipo de relação contratransferencial, o analista deve estar muito concentrado em seus movimentos de conexão com o inconsciente para que consiga pensar a partir de imagens. Imagens são polissêmicas e necessitam dos mitos para ajustar significados, numa percepção mais universal. Esse cuidado é fundamental para que o analista não se perca em aspectos sombrios e egoicos, pertencentes ao mundo individual. Os mitos colaboram na orientação das emoções e a sessão é percebida como um rito que atualiza a linguagem simbólica. A amplificação simbólica, aliada à história individual e aos sonhos, ajuda o analista a realizar o processo de desgemelerização, tal qual é a compreensão dos gêmeos nas culturas ameríndias. Os gêmeos, anuncia Viveiros de Castro (2002), são diferenciados.

> Os gêmeos não são concebidos como idealmente idênticos no pensamento indígena, mas devendo se diferenciar. A estratégia é atribuir genitores diferentes, ou na diferenciação do caráter – desgemeleriza (VIVEIROS DE CASTRO, 2002: 441).

Dessa forma, podemos pensar que o movimento de identificação psicológica pode ser realizado pela capacidade de uma vivência de alteridade mais desenvolvida. A identificação psíquica não se dá por uma opção consciente de misturar-se para encontrar imagens arquetípicas que impulsionam, segundo Jung (2007), a diferenciação.

Para além da relação de transferência e contratransferência podemos pensar a relação entre paciente e analista como um estado de conexão no qual paciente e terapeuta se curam num processo de identificação; no qual "o analista reflete a doença do analisando [...] à medida que a doença é assimilada e sofrida o analista começa a buscar a cura" (STEIN, 1992: 74). Essa relação guarda semelhança com os rituais de cura entre os Guarani, nos quais a comunidade precisa legitimar o *karaí* como pessoa que cura. Da mesma forma, é a cura do paciente que vai afirmar o terapeuta. Pensamos numa relação terapêutica como a de gemelaridade que nos faz ampliar percepções simbólicas da fala do próprio paciente e da percepção do terapeuta. O sol como paciente e "o lua"[3], o analista, podendo refletir os conteúdos inconscientes.

A emergência do xamanismo na psique amplia para um pensar corporal espiritual, no qual podemos acessar uma memória ancestral da natureza da qual fazemos parte. Além dos aspectos pessoais, coletivos, simbólicos, podemos acessar uma percepção numinosa de nossa própria existência e para além dela. É a emergência de um potencial infinito e incondicional que pode ser mediado pelo diálogo com os espíritos dos animais e da natureza.

No trabalho de cura xamânica em muitas mitologias indígenas os animais são percebidos como espíritos que auxiliam no trabalho de cura pessoal e também no trabalho terapêutico, o que podemos nomear como (contra)transferência xamânica. As forças terapêuticas funcionam como rituais que vivificam a potência do encontro mítico, e as forças de cura são ativadas, tanto no psiquismo da analista como do paciente.

> Como um curandeiro xamânico, porém, o analista não só se contamina pela doença do analisando, como também encontra uma forma de curá-la [...] a tarefa terapêutica, então, é entregar o remédio ao analisando (STEIN, 1992: 74).

Propomos uma significação do ritual guarani citado abaixo que nos ajuda a pensar a relação com o xamanismo e a psicoterapia junguiana.

> No início da sessão as pessoas foram chegando. Seu Alcindo (*karaí*), Dona Rosa (*kunhã karaí*) e

---

3. No mito dos gêmeos Guarani ou mito do principio da vida guarani, lua é um personagem masculino, irmão do sol: *kuaray*.

o Marcos (liderança indígena) ficaram sentados perto do fogo, próximo à entrada. Eu e meu marido ficamos próximos, nos aquecendo no fogo. Seu Alcindo disse: "Vamos agradar a nossa mãe", e apontou para o fogo. A noite estava bem fria. As pessoas foram chegando devagarinho. Os homens foram se sentando no canto direito, em bancos. As mulheres, no lado esquerdo sentadas no chão, em cima de esteiras, edredons e mantas. Bem no canto esquerdo, apoiados na parede, ficam os *takuapu* (taquaras que as mulheres usam para produzir sons ao batê-las no chão). No centro, ao alto, havia a escultura de uma águia e embaixo o altar. No canto direito os homens tocavam o tambor, o *mbaraká* (chocalho), o violão e a rabeca. As mulheres tocavam o *takuapu*; inclusive as meninas de três a seis anos tocam e fumam o *pethenguá* (cachimbo, um instrumento através do qual o guarani entra em contato com as divindades, facilitado pela fumaça e pela postura de concentração). As pessoas iam preparando o fogo. Tudo era cuidadosamente tratado. A lenha ficava disposta em uma forma de flecha, cuja ponta se voltava para Seu Alcindo, sentado numa cadeira feita de taquara. Wanderlei arrumou delicadamente as brasas, formando uma estrela. Era a primeira vez que ele estava fazendo o desenho na brasa, estava aprendendo, era um teste, segundo Geraldo. Este relatou que o desenho da cinza existe para fazer o realinhamento. Existem quatro desenhos: a meia-lua, acompanhando a lua; a águia, para trazer visão; a estrela-guia, para pedir orientação a *Nhamandu Mirim*, e o coração, que busca a conexão com todas as pessoas. Wanderlei cuidava também das velas. Eram três em cada lado, encostadas na parede, suspensas. Dona Rosa lançava as ervas medicinais na brasa, que exalavam um aroma gostoso no ar. Seu Alcindo iniciou a reza, e, em seguida, o Geraldo soprou fumaça do *pethenguá* sobre a cabeça de seu pai (Seu Alcindo), de sua mãe (Dona Rosa), do Wanderlei (seu irmão mais novo) e foi para o altar, soprando fumaça nos instrumentos que estavam sobre ele. Começou a cantar, e as crianças e os adolescentes levantaram para acompanhá-lo no canto e para dançar. Os meninos estavam na frente, junto com o Geraldo, dançando com o *mbaraká*. As meninas pequenas ficaram no meio e as meninas mais velhas atrás. Os meninos movimentavam-se movendo o corpo para a direita e para a esquerda, e as meninas num passo único, arrastando os pés sem sair do lugar. Algumas meninas tocavam o *takuapú*, tanto as que estavam dançando como as que estavam sentadas. A Fabiane, que estava ao meu lado, disse: "Vamos dançar? É tão bom, eu rezo para a minha família!" Perguntei a ela o que vinha no coração dela e me respondeu: "Vem tudo, eu rezo para a minha família". Passaram-se uns trinta minutos e eles pararam de cantar e dançar. Depois veio o Wanderlei e entoou outra reza, em pé, voltado para o altar, tocando o violão. Os meninos o acompanhavam em fila também voltados para o altar, de costas para nós. Seus corpos curvavam-se pausadamente para a esquerda e para a direita num embalo que favorecia o alongamento da coluna, encurvando-a num gesto de entrega. As crianças pequenas ficaram junto com as meninas que, também em fila, dançavam logo atrás dos meninos, de mãos dadas. Dançavam sempre no mesmo passo, levantando um pé e outro alternadamente, como imitando um passo de caminhar. A dança de mãos dadas dava uma ideia de estarem caminhando juntas, levando umas às outras, juntamente com o canto. Às vezes, algumas meninas paravam ou entravam no meio da dança livremente, mas quase todas dançaram até o fim. Terminado o canto e a dança, uma mulher de uma aldeia vizinha (Morro dos Cavalos) levantou-se e sentou em um banco que ficava no centro da *Opy* e voltado para o fogo. Seu Alcindo entoou uma reza, levantou e foi caminhando-dançando no mesmo movimento que os meninos fizeram na dança, o corpo curvado, segurando o *pethenguá*. Soprou fumaça de seu cachimbo na cabeça de Dona Rosa, do Wanderlei e do Geraldo. Foi em direção à mulher que necessitava de cura, acompanhado de dois meninos, um de 12 e o outro de 14 anos, cada qual com seu *pethenguá* e também caminhando-dançando num embalo lateral. Seu Alcindo foi até o altar e voltou em direção à mulher, seguindo no sentido anti-horário e ia girando em torno dela sempre no mesmo embalo corporal. Aos poucos, o Geraldo e o Wanderlei passaram a acompanhar Seu Alcindo. Iniciaram a tocar a mulher, massageando, buscando um local no corpo, como que tateando o espaço da cura ao mesmo tempo em que cantavam e sopravam a fumaça de seus *pethenguás* sobre a mulher. Finalmente, Seu Alcindo aspirou várias vezes a paciente no local do corpo onde provavelmente a mesma sentia dores, como que sugando o mal nela existente. Depois, tossiu com força e expeliu alguma coisa, que representava a materialidade da doença que precisava ser retirada. Ao fazer isso, apresentou o objeto junto ao fogo, para que grande parte dos que assistiam pudessem ver e acreditar. O objeto era semelhante a uma pequena pedra. Em seguida, o objeto foi atirado ao fogo, para que o mal nele existente fosse consumido, conforme nos informou Seu Alcindo mais tarde (MENEZES, 2015: 99).

A cura é vivenciada dentro de um campo no qual cada um tem um papel, quer seja pela função exercida ou pela presença dos espíritos. A natureza é o pano de fundo do ritual. O fogo simboliza o feminino e são evidenciados a água, a estrela, o coração e a lua. A cura é realizada com uma mulher (*kunhãkaraí*) e um homem (*karaí*) agindo em complementaridade. A mulher é responsável pelas ervas e o homem conduz o ritual com o sopro, o ato de engolir e de expelir.

No tempo mítico, o tabaco possuía uma potência mais propriamente concepcional (ou transformativa). Contam os Yawalapíti que o demiurgo *Kwamuty*, responsável por dar a vida às primeiras mulheres, procedeu à criação a partir do sopro da fumaça de tabaco sobre toras de pau que se encontravam dentro de um gabinete de reclusão. Entre essas mulheres criadas estava a genitora dos gêmeos Sol e Lua, "protótipos e autores da humanidade atual" (VIVEIROS DE CASTRO, 2002: 59).

Tudo tem uma correspondência, a dança e o canto, o movimento e os instrumentos musicais, o feminino e o masculino, o mal e a saúde, a doença e a cura, a matéria (pedra) e o espírito (fogo), a paciente e o xamã. Sem a cura não há xamã. Podemos pensar que a doente ativa a saúde na comunidade, como um princípio dos contrários que se potencializam.

Observamos que no ritual Guarani descrito há uma transformação da comunidade, da paciente e do xamã. Se a pessoa é curada, ativa-se o princípio de busca de saúde da comunidade e a força do xamã em seu exercício curador. Como uma pessoa pode ser curada se ela não estiver predisposta a ativar seus processos emocionais nessa direção? Não podemos falar em passividade nesse tipo de ritual, pois a cura não vai depender somente daquela cerimônia, mas de outras tantas que iriam acontecer, bem como o comprometimento da pessoa no cotidiano e em suas relações.

A fumaça, o sopro, o toque e a sucção da pedra, no ritual descrito acima, remetem ao pensamento de Araújo (2016), que aborda a transformação corporal, possibilitando a metamorfose e uma descaracterização corpórea, que anula a condição de sujeito humano, o que justamente torna-o apto a viver a naturalização ou a maximização desse potencial transformativo. Em certas culturas indígenas como a Guarani, a menstruação na mulher é considerada uma limpeza de impurezas que são liberadas como sangue e, assim, uma liberação para receber o espírito. A fumaça ajuda a dar forma, a untar, a colar o que precisa ser juntado.

A defumação com as ervas, no ritual Guarani, facilita a absorção da fumaça no corpo, juntando, colando, firmando, abrindo esse espaço para uma comunicação espiritual. A fumaça tem o sentido de limpeza e o *pethenguá* vai estabelecer uma significação com o divino que se incorpora à pele, ao corpo. Em alguns rituais de cura, anuncia Viveiros de Castro (2002), fala-se de fabricação de corpos, transfiguração corporal que também leva a mudanças de comportamentos. A fumaça vinda da presença de um xamã indígena é a constituição de um novo corpo em uma nova alma.

> Para lidar, portanto, com tais ataques e para saber revertê-los é que os homens Muinane precisavam adquirir a potência predadora. Assim, para ser um humano verdadeiro, um homem maduro não precisa apenas ter um comportamento tranquilo e sociável, também se faz necessário ser capaz de predar seres com agências maléficas (ARAÚJO, 2016: 58).

O fato de o *karaí* sugar as substâncias tóxicas da mulher durante os processos de cura está ligado à capacidade de viver a agressividade, até para não se deixar atacar por esses fenômenos. É um exercício de conhecer e reconhecer o mal. E também para não ficar em situação de vulnerabilidade às subjetividades. Segundo os estudos de Araújo (2016), o tabaco proporciona aos Muinane pensamentos e emoções de tranquilidade, serenidade e amorosidade, e a capacidade de lidar com a raiva e a violência próprias.

Nos processos da psicoterapia podemos relacionar a fumaça à provocação de uma conjunção e uma disjunção com as forças psíquicas que nos habitam como um processo de abertura e amplificação das emoções que vão sendo defumadas, secadas num corpo-espírito. A fumaça que se junta à emoção e à corporeidade, num plano espiritual, abre a possibilidade de reconhecer as emoções mais inquietantes no corpo, algo que pertence à própria pessoa e que por vezes pode ser terrivelmente assustador.

Menezes (2019a) relata experiências na atividade clínica. Certa vez ouviu de três pacientes: "Eu tenho vontade de retirar, de arrancar algo dentro de mim, do meu corpo". Esse desejo era expresso por uma vontade de vomitar, de tirar a dor e a própria incompreensão de si mesmo. Por mais que a vontade seja de arrancar o que sente dentro, o caminho terapêutico é o de buscar a conjunção, a integração do que se quer retirar de si. Precisamos sentir o peso do que nos coloca para baixo. Esse processo leva tempo e precisa ser valorizado. É o ato de aproximação do humano com o animal, para que ocorra a mudança de perspectiva no psiquismo, no sentido de a pessoa encontrar a humanidade no animal e, assim, poder assimilar as diferenças de potenciais, bem como os limites e a transcendência do Si-mesmo.

A fumaça simboliza uma perspectiva da conjunção; estar sendo defumada, reconstituída, protegida, fortalecida na relação com as vulnerabilidades emocionais às subjetividades alheias, os espíritos dos bichos, numa concepção Guarani, na qual precisamos estar cientes e fortes. A dimensão da sucção da pedra remete à caça, e, ao devorar o animal, à doença. É o enfrentamento do medo divino, que precisa ser experimentado, segundo Jung (2014). "O animal estará em ti como brasas incandescentes. É como um fogo espantoso que jamais se apaga [...] o fogo te perpassa com seu calor. Aquilo que te guia obriga a seguir o caminho" (JUNG, 2014: 291).

A consciência corporal e espiritual mediada pelo símbolo e uso do cachimbo que produz a fumaça, no contato maior com o *aguyje* – expressão que refere ascensão à morada divina –, provoca uma conversão do corpo num sopro. Esse sopro é parte de um processo da cura, da escuta da voz divina interna que é mediada pelo *karaí* ou terapeuta; são palavras que despertam o fogo sagrado, porque é sentido como um calor do coração, como uma chama que espalha as mensagens da alma que são acolhidas no corpo. É o divino se apresentando na névoa e sentido no som das belas palavras depois de muitas vivências de defumação, o aprendizado de defumação interna dos complexos. O sopro e a fumaça dissipam e clareiam, limpam e aguçam os sentidos e também pode provocar a disjunção. A fumaça como sopro é uma experiência do vento que toca a alma, acariciando o corpo. O sopro como escuta de uma mensagem que integra o humano e o divino como dimensões que convivem em realidades distintas e simultâneas.

A onça, como um animal de grande força para os ameríndios, é vivida em sua humanidade, num outro polo de sua natureza arquetípica, não mais como animal devorador, mas como clareza e força, ou, nas palavras de Seu José: "a inteligência da onça/jaguar[4] está no tato, não na cabeça, se quem chega na mata é perigoso ou amigo, é brabo ou manso, permitindo ou não sua passagem". A mudança da perspectiva ao lidar com a onça é a incorporação da materialização da doença pelo espírito do xamã.

O ritual guarani funciona como um dispositivo de alta intensificação de energia de um campo que vai se tornando consciente na medida em que cada um vivencia sua dança, seu canto e sua palavra. Ao dançar e cantar no ritual, cada um está também acessando seus potenciais de cura. Pensando nos processos familiares, no contexto da psicoterapia, percebemos o quanto as pessoas vão se modificando, seja de forma mais consciente ou inconsciente. Algumas entram no ritual e buscam seu canto e sua dança; outras não entram na *opy*, mas vivenciam um processo que está no movimento e interligado. É como os Guarani afirmam: todos dançam juntos, mas cada um vai em seu ritmo, em seu tempo. Quando uma pessoa entra num processo terapêutico, os familiares também são afetados, assim como o paciente e o terapeuta.

---

4. Na linguagem guarani, onça/jaguar é denominada *Xivi*.

Um *karaí* tem a força de curar, pelas forças interiores que este ativa no doente e na comunidade. O *karaí* não atua somente no ritual como o curador, mas é respaldado por sua ação no cotidiano, por sua capacidade amorosa e cuidadosa. Segundo Boechat (1979), o xamã internaliza as melhores qualidades de uma organização coletiva e, por isso, passa a ser referência para a comunidade. Esses atributos são cultivados pela comunidade ou paciente na medida em que o *karaí* é valorizado. Consequentemente, passa a ter um poder maior de influência sobre as pessoas e possíveis pacientes. É o que quer nos dizer o Guarani quando fala que o *karaí* é aquele que possui as belas palavras, o poder de despertar no outro o que ele tem de melhor. Eis um sentido para os nossos terapeutas que trabalham com a palavra e o despertar do numinoso em nossos pacientes.

A perspectiva Guarani ativa um pensar que ajuda a perceber que não são somente o terapeuta e o paciente os responsáveis pela cura, mas também provoca o campo da natureza e do espiritual e também dos possíveis significados destes em nossos psiquismos. Os rituais Guarani são percebidos como campos xamânicos que trazem a compreensão de que "o cosmos é habitado por muitas espécies de seres dotados de intencionalidade e consciência; vários tipos de não humanos, assim, são concebidos como pessoas, isto é, como sujeitos potenciais de relações sociais" (DESCOLA, apud VIVEIROS DE CASTRO, 2002: 466).

Como uma visão de um rio, de um animal, pode ajudar na cura de uma pessoa? O espírito da natureza vem carregado de uma possibilidade de conexão com algo que foi perdido no percurso da vida da pessoa. Fala de um inconsciente numinoso, de um *numes*, de uma imagem que não é humana e que possui uma carga espiritual intensa, mas que não está integrada à pessoa e está disponível na natureza, como um recurso potencial de saúde. Mas a pessoa não sente conexão com isso. É como uma natureza morta, que está ali; pode ser fotografada, mas não tem vida nem vitalidade. É como saber que existe um rio por meio de uma foto e não porque se mergulha nele.

Considerações finais

A aproximação entre xamanismo, psicologia junguiana e rituais guarani atualizam aspectos fundamentais entre o processo de individuação proposto por Jung (2014) e o modo de construção da pessoa guarani. Ao percorrer alguns estudos sobre xamanismo, discorremos sobre pontos que vão provocando a clínica junguiana, desde o diálogo entre a psicanálise e Lévi-Strauss e xamanismo, como a contribuição das ideias de Viveiros de Castro, que nos impulsionam a pensar a atuação terapêutica valorizando os sistemas e cosmovisões indígenas e legitimando as influências destes em nosso pensamento.

A aproximação entre conhecimentos indígenas e psicologia junguiana está sendo proposta como encontros de correspondências mitológicas que podem superar uma enorme invisibilidade que nos separa de epistemologias nas quais nos fundam. É também uma proposta que faz renascer, a partir das tentativas de mortificações interculturais, uma ancestralidade indígena que emerge em nossas epistemologias, como modo de sistematização de nossas práticas e teorias.

Ressaltamos que as aproximações propostas constituem diálogos epistêmicos, sabendo que o xamanismo existe em várias cosmologias indígenas, que produzem diferentes significados em seus contextos cosmológicos. O referencial teórico da psicologia junguiana com sua compreensão arquetípica nos permite pensar a partir de uma universalidade e, ao mesmo tempo, aprofundar aspectos mais culturais como realizado a partir da cosmologia Guarani.

Nos estudos de xamanismo e psicologia junguiana, Boechat (1979: 39) reflete sobre o processo de tornar-se xamã com o adoecimento e um outro que traz a ideia de que o xamã vai desenvolvendo formas diferenciais de se relacionar com o inconsciente transformando sua crise em saúde. Neste último, o xamã é convocado para a cura; há uma lembrança intensa da crise, através de sonhos, de visões, do chamado enquanto vocação. Esse estado permite a amplificação simbólica. O paciente, ao integrar a dimensão do ego com a do Self, reconhece, a partir de seus complexos, o arquétipo, tendo em vista que "o mito individual, é, ao mesmo tempo, coletivo e arquetípico". O tempo de dedicar-se à terapia pode ser um grande mergulho na floresta, nas zonas que oferecem perigo e que atraem, nas imagens arquetípicas que cada um pode encontrar.

Os estudos das mitologias indígenas têm mostrado uma fertilidade de imagens que potencializam os nossos processos psíquicos. Destacamos o arquétipo do xamã e o xamanismo como um sistema que chama a atenção para os elementos da natureza, rítmicos e cíclicos como o sol e a lua, a presença de animais, espíritos como campos fertilizadores de encontro com a subjetividade e o inconsciente.

Queremos aprofundar e cuidar para que não busquemos encaixar os conhecimentos tradicionais e originários em nossas categorias ocidentais, que divergem em concepções, mas que se aproximam em aspectos nucleares como a que destacamos na prática clínica, como o campo transferencial xamânico, relação entre terapeuta e paciente, noções de coletivo e individuação. Ao contrário, temos percebido que esses aprofundamentos teóricos estão refazendo nossas concepções. Uma delas é a compreensão de que os processos de individuação entre os Guarani iniciam desde a infância, o que desfaz a ideia muitas vezes difundida de que os indígenas possuem uma consciência coletiva sem o sentido de uma singularidade.

Queremos seguir aprofundando essas correlações, apostando que, além de seus aspectos teóricos, esses diálogos nos tragam uma integração de nossas sombras culturais que distorcem nossas raízes. São movimentos que nos colocam em renascimentos de nossa ancestralidade indígena e que potencializam nossos diversos modos de nos curarmos.

Referências

ALTENFELDER DA SILVA, F. (1976a). "Religião Terena". *Acta Americana*, vol. 5, n. 4, 1946. México. Apud SCHADEN, E. (org.). *Leituras de etnologia brasileira*. São Paulo: Companhia Editora Nacional.

_____ (1976b). "O estado Uanki entre os Bakairí". In: *Sociologia*, vol. XII, 1950, p. 259-271. São Paulo. Apud SCHADEN, E. (org.). *Leituras de etnologia brasileira*. São Paulo: Companhia Editora Nacional.

ARAÚJO, E.F.N. (2016). *Tabaco, corporalidades e perspectivas entre alguns povos ameríndios*. Niterói: Universidade Federal Fluminense [Dissertação de mestrado].

BACHELARD, G. (1966). *A poética do devaneio*. Trad. de Antônio de Pádua Danesi. São Paulo: Martins Fontes.

BAIRÃO, J.F.M.H. & COELHO, M.T.A.D. (orgs.) (2015). *Etnopsicologia no Brasil* – Teorias, procedimentos, resultados. Salvador: Edufba.

BECK, R. (1966). "Some proto-psychotherapeutic elements in the practice of the shaman". In: *History of Religions*, vol. 6, n. 1. Chicago.

BOECHAT, W. (2009). *A mitopoese da psique*. 2. ed. Petrópolis: Vozes.

_____ (1979). *Shamanism and Psychotherapy*. Zurique: C.G Jung Institute [Tese de doutorado].

BRUZZI ALVES DA SILVA, N. (1962). *A civilização indígena dos Uaupês*. São Paulo: Centro de Pesquisas Itaureté.

CLEMENTS, F.E. (1932). "Primitive concepts of disease". In: *University of California Publications in American Archeology and Ethnology*, vol. 32, n. 2.

ELIADE, M. 1998). *O xamanismo e as técnicas arcaicas do êxtase*. São Paulo: Martins Fontes.

GUTIÉRREZ, L.M. & TORRES, M.A. (2011). *Vuelo mágico de Orión y los animales mitológicos* – Un estudio del arte simbólico pré-colombiano de Colômbia. Bogotá: Ventos.

HILLMAN, J. (2001). *O código do ser* – Uma busca do caráter e da vocação pessoal. Trad. de Adalgisa Campos da Silva. Rio de Janeiro: Objetiva.

JUNG, C.G. (2014). *O Livro Vermelho* – Liber Novus. Trad. de Edgar Orth. Petrópolis: Vozes.

_____ (2011a). *Considerações gerais sobre a Teoria dos Complexos* (1934) – OC, vol. 8/2. Petrópolis: Vozes.

_____ (2011b). *Problemas da psicoterapia moderna* (1931) – OC, vol. 16. Petrópolis: Vozes.

_____ (2011c). *Símbolos da transformação* (1911/1951) – OC, vol. 5. Petrópolis: Vozes.

_____ (2011d). *Considerações teóricas sobre a natureza do psíquico* (1946) – OC, vol. 8/2. Petrópolis: Vozes.

_____ (2011e). *A psicologia da transferência* (1946) – OC, vol. 16/2. Petrópolis: Vozes.

_____ (2007). *Os arquétipos e o inconsciente coletivo*. 5. ed. Trad. de Maria Luiza Appy e Dora Mariana R. Ferreira da Silva. Petrópolis: Vozes.

_____ (2006). *Memórias, sonhos e reflexões* (1963). Rio de Janeiro: Nova Fronteira.

LÉVI-STRAUSS, C. (2017). *Antropologia estrutural*. Trad. de Beatriz Perrone-Moisés. São Paulo: Ubu.

LEWIS, I. (1977). *Êxtase religioso* – Um estudo antropológico da possessão por espírito e do xamanismo. São Paulo: Perspectiva.

MENEZES, A.L.T. (2019a). *Xamanismo ameríndio, perspectivismo e psicologia junguiana* – A incorporação da onça pelo espírito do xamã. Porto Alegre: IJRS/AJB [Monografia apresentada para titulação de Analista Junguiana].

_____ (2019b). "Experiência anômala e o arquétipo do nome--alma guarani: xamanismo, educação e a clínica junguiana". In: FONSECA, A.F.D. & ROBERTO, G.L. (orgs.). *As experiências anômalas na perspectiva da psicologia complexa de C.G. Jung*. Brasília: Self.

MENEZES, A.L.T. & BERGAMASCHI, M.A. (2015). *Educação ameríndia*: a dança e a escola guarani. Santa Cruz do Sul: Edunisc.

MURPHY, J.M. (1964). "Psychotherapeutic aspects of shamanism". In: KIEV, A. *Magic, faith and healing*. Nova York.

SCHADEN, E. (1976). *Leituras de etnologia brasileira*. São Paulo: Companhia Editora Nacional.

SCHWARTZ-SALANT, N. (1995). "On the Interactive Field as the Analytic Object". In: STEIN, M. (org.). *The interactive field in analysis*. Vol. 1. Wilmette, Ill., p. 1-36.

STEIN, M. (1992). "Poder, xamanismo e maiuêtica na contratransferência". In: *Transferência-contratransferência*. São Paulo: Cultrix.

STEIN, M. (org.) (1995). *The interactive field in analysis*. Vol. 1. Wilmette, Ill.

VIVEIROS DE CASTRO, E.V. (2002). *A inconstância da alma selvagem e outros ensaios de antropologia*. São Paulo: Cosac & Naify.

WAGLEY, C. (1976). "Xamanismo Tapirapé". In: *Boletim do Museu Nacional* – Antropologia, n. 3. 1943. Rio de Janeiro. Apud SCHADEN, E. (org.). *Leituras de etnologia brasileira*. São Paulo: Companhia Editora Nacional.

VHERÁ POTY (2015). "Entrevista". In: MENEZES, A.L.T. & BERGAMASCHI, M.A. *Educação ameríndia*: a dança e a escola guarani. Santa Cruz do Sul: Edunisc.

Sobre os autores

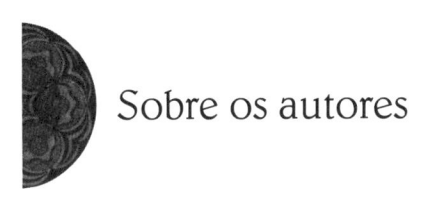

Ana Luisa Menezes
Mestrado em psicologia (PUC-RS). Doutorado em educação (UFRGS). Professora dos programas PPGEDU e PPGPSI da Universidade de Santa Cruz (Unisc). Vice-líder do Grupo de Pesquisa Peabiru: educação ameríndia e interculturalidade (CNPq). Analista junguiana pelo Instituto Junguiano do Rio Grande do Sul (IJRS), membro da Associação Junguiana do Brasil (AJB) e da International Association for Analytical Psychology (Iaap). Facilitadora-didata de biodança (EGB/International Biocentric Foundation).

Andrea Cunha
Psicóloga. Analista junguiana pelo Instituto de Psicologia Analítica de Campinas (Ipac), membro da Associação Junguiana do Brasil (AJB) e da International Association for Analytical Psychology (Iaap). Mestre em artes corporais pela Unicamp. Publicação de artigo em CÔRTES, G.; SANTOS, I.F. & ANDRAUS, M.B.M. *Rituais e linguagens da cena – Trajetórias e pesquisa sobre corpo e ancestralidade.*

Gil Duque
Médico. Mestre em medicina pela UFRJ. Especialista em Homeopatia pela Associação de Medicina (AMB). Analista jun-

guiano pelo Instituto Junguiano do Rio de Janeiro (IJRJ), membro da Associação Junguiana do Brasil (AJB) e da International Association for Analytical Psychology (Iaap).

Humbertho Oliveira
Analista junguiano pelo Instituto Junguiano do Rio de Janeiro (IJRJ), membro da Associação Junguiana do Brasil (AJB) e da International Association for Analytical Psychology (Iaap). Criador e coordenador do Departamento de Estudo e Pesquisa da Alma Brasileira da AJB. Professor da pós-graduação em Psicologia Junguiana da Unesa. Artista-pesquisador do Núcleo de Cultura Popular Céu na Terra. Editor dos *Cadernos Junguianos*. Organizador-autor dos livros: *Corpo expressivo e construção de sentido, Mitos, folias e vivências* e *Desvelando a alma brasileira – Psicologia analítica e raízes culturais*.

José Jorge M. Zacharias
Psicólogo. Mestre em psicologia escolar (USP). Doutor em psicologia social (USP). Analista Junguiano pelo Instituto de Psicologia Analítica de Campinas (Ipac), membro da Associação Junguiana do Brasil (AJB) e da International Association for Analytical Psychology (Iaap). Autor dos instrumentos Quati, DTO II, Tear de Palavras e obras sobre tipologia e religiosidade de matriz africana. Docente universitário.

Lygia Aride Fuentes
Psicóloga. Analista junguiana pelo Instituto Junguiano do Rio de Janeiro (IJRJ), membro da Associação Junguiana do Brasil (AJB) e da International Association for Analytical Psychology (Iaap). Mestre em Engenharia de Produção pela

Coppe-UFRJ. Docente na Pós-Graduação em Psicologia Junguiana Unesa-RJ.

Sílvia Renata Medina da Rocha
Psicóloga clínica e escolar. Especialista em Psicologia Junguiana pelo Instituto Brasileiro de Medicina de Reabilitação. Arteterapeuta pela Associação de Arteterapeutas do Rio de Janeiro. Consteladora familiar sistêmica. Terapeuta psicocorporal pelo Sistema Rio Abierto, Rio de Janeiro e Buenos Aires.

Solange Missagia de Mattos
Psicóloga clínica e educacional. Analista junguiana pelo Instituto Carl Gustav Jung de Minas Gerais (ICGJMG), membro da Associação Junguiana do Brasil e da International Association for Analytical Psychology. Doutora em Estudos do Lazer e Cultura pela Universidade Federal de Minas Gerais. Mestre em Ciências da Religião pela Universidade Católica de Minas Gerais. Especialista em saúde pública pela Universidade de Ribeirão Preto.

Tereza Caribé
Psicóloga. Especialista em psicologia clínica. Fundadora do Instituto de Psicologia Analítica da Bahia (IPABahia). Analista junguiana pelo Instituto Junguiano de São Paulo (Ijusp), membro da Associação Junguiana do Brasil (AJB) e da International Association for Analytical Psychology (Iaap).

Walter Boechat
Analista junguiano pelo Instituto C.G. Jung de Zurique, membro da Associação Junguiana do Brasil (AJB) e da International Association for Analytical Psychology (Iaap). Doutor

em Saúde Coletiva pelo Instituto de Medicina Social da Uerj. Membro-colaborador do Núcleo de Bioética e Ética Aplicada (Nubea) da UFRJ. Membro-fundador da AJB.

Coleção Reflexões Junguianas
Assessoria: Dr. Walter Boechat

- *Puer-senex – Dinâmicas relacionais*
Dulcinéia da Mata Ribeiro Monteiro (org.)
- *A mitopoese da psique – Mito e individuação*
Walter Boechat
- *Paranoia*
James Hillman
- *Suicídio e alma*
James Hillman
- *Corpo e individuação*
Elisabeth Zimmermann (org.)
- *O irmão: psicologia do arquétipo fraterno*
Gustavo Barcellos
- *Viver a vida não vivida*
Robert A. Johnson e Jerry M. Ruhl
- *O feminino nos contos de fadas*
Marie-Louise von Franz
- *Re-vendo a psicologia*
James Hillman
- *Sonhos – A linguagem enigmática do inconsciente*
Verena Kast
- *Introdução à Psicologia de C.G. Jung*
Wolfgang Roth
- *O encontro analítico*
Mario Jacoby
- *O amor nos contos de fadas*
Verena Kast
- *Psicologia alquímica*
James Hillman
- *A criança divina*
C.G. Jung e Karl Kerényi
- *Sonhos – Um estudo dos sonhos de Jung, Descartes, Sócrates e outras figuras históricas*
Marie-Louise von Franz
- *O livro grego de Jó*
Antonio Aranha
- *Ártemis e Hipólito*
Rafael López-Pedraza
- *Psique e imagem – Estudos de psicologia arquetípica*
Gustavo Barcellos
- *Sincronicidade*
Joseph Cambray
- *A psicologia de C.G. Jung*
Jolande Jacobi
- *O sonho e o mundo das trevas*
James Hillman
- *Quando a alma fala através do corpo*
Hans Morschitzky e Sigrid Sator
- *A dinâmica dos símbolos*
Verena Kast
- *O asno de ouro*
Marie-Louise von Franz
- *O corpo sutil de eco*
Patricia Berry
- *A alma brasileira*
Walter Boechat (org.)
- *A alma precisa de tempo*
Verena Kast
- *Complexo, arquétipo e símbolo*
Jolande Jacobi
- *O animal como símbolo nos sonhos, mitos e contos de fadas*
Helen I. Bachmann
- *Uma investigação sobre a imagem*
James Hillman
- *Desvelando a alma brasileira – Psicologia junguiana e raízes culturais*
Humbertho Oliveira (org.)
- *Jung e os desafios contemporâneos*
Joyce Werres
- *Morte e renascimento da ancestralidade da alma brasileira* –

Psicologia junguiana e o inconsciente cultural
Humbertho Oliveira (org.)
- *O homem que lutou com Deus – Luz a partir do Antigo Testamento sobre a Psicologia da Individuação*
John A. Sanford

EDITORA VOZES
Editorial

CULTURAL
Administração – Antropologia – Biografias
Comunicação – Dinâmicas e Jogos
Ecologia e Meio Ambiente – Educação e Pedagogia
Filosofia – História – Letras e Literatura
Obras de referência – Política – Psicologia
Saúde e Nutrição – Serviço Social e Trabalho
Sociologia

CATEQUÉTICO PASTORAL
Catequese – Pastoral
Ensino religioso

REVISTAS
Concilium – Estudos Bíblicos
Grande Sinal – REB

TEOLÓGICO ESPIRITUAL
Biografias – Devocionários – Espiritualidade e Mística
Espiritualidade Mariana – Franciscanismo
Autoconhecimento – Liturgia – Obras de referência
Sagrada Escritura e Livros Apócrifos – Teologia

PRODUTOS SAZONAIS
Folhinha do Sagrado Coração de Jesus
Calendário de mesa do Sagrado Coração de Jesus
Agenda do Sagrado Coração de Jesus
Almanaque Santo Antônio – Agendinha
Diário Vozes – Meditações para o dia a dia
Encontro diário com Deus – Guia Litúrgico

VOZES NOBILIS
Uma linha editorial especial, com importantes autores, alto valor agregado e qualidade superior.

VOZES DE BOLSO
Obras clássicas de Ciências Humanas em formato de bolso.

CADASTRE-SE
www.vozes.com.br

EDITORA VOZES LTDA.
Rua Frei Luís, 100 – Centro – Cep 25689-900 – Petrópolis, RJ
Tel.: (24) 2233-9000 – Fax: (24) 2231-4676 – E-mail: vendas@vozes.com.br

UNIDADES NO BRASIL: Belo Horizonte, MG – Brasília, DF – Campinas, SP – Cuiabá, MT
Curitiba, PR – Fortaleza, CE – Goiânia, GO – Juiz de Fora, MG
Manaus, AM – Petrópolis, RJ – Porto Alegre, RS – Recife, PE – Rio de Janeiro, RJ
Salvador, BA – São Paulo, SP